哲學研究叢書·學術思想叢刊

學者，覺也
——羅近溪哲學研究

沈鴻慎　著

目次

總序
近溪研究文獻之梳理
──兼論儒家哲學研究的幾種典型代表

　　在唐君毅與牟宗三兩位先生之前，研究羅近溪哲學的學者是比較少的。在唐牟兩位先生的帶動下，研究羅近溪哲學的學者有很大的增加，主要是大陸與臺灣的碩博士論文，還有一些哲學史式的概述性的哲學介紹，正式出版的研究專著，只有吳震先生的《羅汝芳評傳》一書。本人將這些研究的文獻分為四種類型：

第一類　哲學史式的概述

　　這類包括有侯外廬、邱漢生、張豈之主編的《宋明理學史》，張學智《明代哲學》，鮑世斌《明代王學研究》，季芳桐《泰州學派新論》，龔鵬程《晚明思潮》，陳來《宋明理學》（另陳先生亦在其《有無之境》、《中國近世思想史研究》兩書中對近溪有所涉及）。這類之研究可以說多是一種複述式的研究，未有對羅近溪之哲學之文本作全盤之把握，只是浮泛籠統地概括出羅近溪哲學的幾個常見之觀念，用這幾個觀念來作為近溪哲學之簡述。此類研究之最大問題就是對近溪哲學往往只是「斷章取義」，對近溪哲學的把握極為不準確，因而其參考價值不高。這裡舉龔鵬程《晚明思潮》作為一個例子。

　　龔鵬程在《晚明思潮》第二章「羅近溪與晚明王學的發展」中說到：「因為他指出一個人人可為的日常倫理生活實踐之路（即行孝弟），所以人人覺得道在眼前、當下即有受用，可濟實用，非虛玄高

眇之說也。人人在聽到這番言論時，都會產生涉及自我主體的震動，詫然曰原來只須如此、原來只此是道。所謂春行雷動、震豁心目，近溪講學之成功，正由於此種中庸平常之態度。豈拆穿光景也哉？豈調適而上遂也哉？（筆者案：最後一句是批評牟宗三先生之語。）」[1]龔先生認為近溪講學之重點，實即在此平庸。龔先生此說實不堪反駁，原因其將羅近溪經拆穿光景之艱苦工夫而回歸於平實之地此種化境之表現全不瞭解。筆者在這裡舉近溪的一則語錄作說明：

> 問：「孝弟為教是矣。如王祥、王覽，非不志於孝弟，而君子不與之，何也？」
> 羅子曰：「人之所貴者孝弟，而孝弟所尤貴者，學也。故質美未學者，為善人。夫善人者，豈孝弟之不能哉？弗學耳。弗學則如瞽目行路，步或可進尺寸，然終是錯違中正，墮落險阻。雖曾子未免大杖不走陷親有過之失，而況於祥、覽兄弟矣乎？故曰：行而不著，習而不察，終身由之，不知其道。夫由之而不知其道，與瞽者行路，何異哉？」[2]

可見要行真真正正之「孝弟」也不容易，即便千年之孝子，君子亦不與之，可見「孝弟」非龔鵬程先生所想的那樣簡單。近溪有一句話言：「聖人者，常人而肯安心者也；常人者，聖人而不可安心者也。故聖人即是常人，以其自明，故即常人而名為聖人矣。常人本是聖人，因其自昧，故本聖人而卒為常人矣。」故近溪所言那種平平之境界，也就是龔鵬程先生所理解的近溪講學重點實在此的這種「平庸」，實非真平庸也，而是一種大而化之之境，實為聖人之境界。常

---

1 龔鵬程：《晚明思潮》（北京市：商務印書館，2005年），頁39。
2 羅汝芳：《羅汝芳集》上冊（南京市：鳳凰出版社，2007年），頁432-433。

人本就是聖人，然而其不肯安心，故無風起浪，平地起土堆，此近溪所云因其自昧，故本聖人而卒為常人矣。陳來先生在這裡亦有意無意的犯此一類之錯誤，其在《宋明理學》第五章羅近溪一節中談到：「他（羅近溪）認為順其自然就是善，不順其自然就是惡，主張工夫越平易越到神聖處，過去的事情就讓它過去，不要執追不捨。未來的事情到時再說，不必預期謀算。」[3]實質上陳先生所理解的「自然」和龔先生所理解的「平庸」可以說皆忽視了近溪其拆穿光景之艱苦之工夫方能達致的這種平平之境，如此怎能把握住近溪之哲學的真正意蘊呢？

哲學史式的概述性的研究還有一種比較特殊之研究，就是將王陽明之後學分成幾個派別，然後將近溪之哲學歸到其中一派來考察。這種類型之研究的代表有岡田武彥《王陽明與明末儒學》、錢明《陽明學的形成與發展》。本人在這裡舉岡田武彥的觀點作為例子：

岡田武彥先生將陽明後學區分為良知現成派、良知歸寂派與良知修正派三類，其將羅近溪之哲學歸入良知現成派一類。岡田先生將良知現成派定義界定如下：一、良知是現成的，並直接把吾心的自然流行當作本體與性命。二、直接在本體上做工夫，提倡頓悟，排斥漸修，隨任自然性情，輕視工夫。三、此派之講學產生嚴重的流弊，要承擔明末社會風氣變差的責任。而且，在明末，現成思想與禪學結合，走向猖狂一路。這點雖非此派講學的特點，但是亦可以說是此派講學衍生出來的問題，所以筆者將其歸結現成派定義之下。岡田先生正是用這幾個特點來疏解羅近溪的哲學。他認為羅近溪同樣也是以「悟」為宗，主張本體即工夫，工夫即本體，提倡無擬議，無安排，當下識取，當下承當，一切放下為要。以此為基點，岡田先生詮釋了近溪哲學裡面「赤子之心」、「中庸」、「大人」、「孝悌慈」，與「仁」

3　陳來：《宋明理學》（上海市：華東師範大學出版社，2004年），頁287。

等最重要概念的內涵。

綜論這類型學者研究成果，此類研究者的價值大體可以說只是起了一種介紹推廣近溪哲學之作用，給對近溪哲學有興趣者提供一種初步的瞭解。此類研究的最大缺陷是不能全盤的來把握近溪哲學之深刻意蘊，對近溪哲學文本的疏解流於表面化，因而其參考價值不大。

第二類　近禪說

這類代表之觀點可以追溯到黃宗羲的《明儒學案》卷三十四「參政羅近溪先生汝芳」節提及：「然所謂渾淪順適者，正是佛法一切現成，所謂鬼窟活計者，亦是寂子速道，莫入陰界之呵；不落義理，不落想像，先生真得祖師禪之精者。」[4]這類文章代表還有錢穆先生《宋明理學概述》，另有臺灣古清美先生的兩篇論文〈羅近溪悟道之義涵及其工夫〉與〈羅近溪「打破光景」義之疏釋及其與佛教思想之交涉〉。

錢穆先生在其《宋明理學概述》「羅汝芳、趙貞吉章」中認為羅近溪之哲學實為「聖學之中之禪學」（錢穆語）。其作出如此評定的標準是：「但一種思想，只要真能鞭辟近裡，真能篤實簡易，到真人人易知易能的階段，反身當下而即是，用不著對古聖賢古經籍傳統再追求。這樣的思想，便早是佛教中的禪學了。」[5]其認為「中國的思想裡，本帶有這一種禪的意味。」[6]「甚至可說連孟子也有這一種精神。」[7]錢穆先生之說法可以代表了相當一部分人的觀點，這類人對

4　黃宗羲：《明儒學案》下冊（北京市：中華書局，2008年），頁762。

5　錢穆：《宋明理學概述》，《錢賓四全集》（臺北市：聯經出版事業公司，1993年），第9冊，頁342。

6　錢穆：《宋明理學概述》，《錢賓四全集》，第9冊，頁342。

7　錢穆：《宋明理學概述》，《錢賓四全集》，第9冊，頁342。

「心學」簡易之工夫多有異議，對心學所開出的極為高明之境界多有微詞，而要走「平實」之途徑。錢穆先生在文章之中曾問道：「但孝弟只是盡人事，如何把來通天道？」[8]我想這種疑問不單單是錢穆先生的疑問，應當是讀了羅近溪哲學之後多數人的疑問，這正是羅近溪哲學之中極為精彩的地方，可以說「孝弟通天道」代表近溪畢生之用力所在，筆者將在正文之中作詳細之論述，這裡就不再多說。亦正是對近溪的哲學帶有這樣的疑惑，錢穆先生可以說對近溪之哲學是十分隔膜的，對近溪之化境可以說全無瞭解之同情，對近溪之哲學的把握當然就不會準確。

　　古清美先生在〈羅近溪悟道之義涵及其工夫〉一文之中將近溪之悟道之經過作了一個詳細之疏解，將此過程分為：第一關，心體的認取和攝守；第二關，炯炯心體的破除；最後銷歸平常日用自然順適。古先生對羅近溪為學經過作這樣的理解十分有意義，可以說基本反映了一個真正有志氣者艱苦不拔的求道之歷程。然而不幸的是，古先生完全用佛學之觀念來比附羅近溪這種為學之經歷。其云：「（不歟氣之事）必是無得無失，無來無去，生死一如之境了……恐怕是超過儒家的聖境。」[9]又言：「而羅近溪此一修持和入道方式到底是屬儒抑是佛，更是必須在規定好一個所持標準與概念之下，並形成共識才能談論的。」[10]古清美先生在另一篇論文〈羅近溪「打破光景」義之疏釋及其與佛教思想之交涉〉之中更是將近溪躋身而為「佛」了。其云：「近溪學的特色其實是求仁之旨中融入了佛學。」[11]

　　綜論此類研究之成果，此類之研究者之觀點可以說極具代表性，從朱子攻陸象山為「禪」起，歷代皆不斷有攻「心學一派」近「禪」

8　錢穆：《宋明理學概述》，《錢賓四全集》，第9冊，頁339。

9　古清美：《慧庵論學集》（臺北市：大安出版社，1990年），頁114。

10　古清美：《慧庵論學集》，頁150。

11　古清美：《慧庵論學集》，頁153。

和「陽儒陰釋」此類聲音的出現。此類人犯的錯誤即如牟宗三先生所言將作用層上面所表現的「無」之境界作為其判斷儒釋道三者之區別，從而混淆了儒佛兩家的根本差異。儒佛家的差異應當在實有層上來判斷。如，「惻隱之心」，「孝弟之心」和「如來藏自性清淨心」，「一念無明法性心」當然是不同的。所以，我們不應當將作用層面上所表現的「無」這種境界只歸於佛道兩家，而應是三家之「共法」，尤其在今天我們來談儒家之哲學更要解除這個忌諱。筆者將在論文正文裡面詳細談論這個問題。

第三類　瞭解之同情

此類的研究論文及其著作多能深入近溪哲學之文本，對近溪哲學之文獻作整體的把握，對近溪哲學之價值、地位皆能作出客觀恰當的評價。筆者將此類研究者再分為兩小類：

一種為文獻疏解型，文獻疏解，並非沒有深入的義理的研究，而是其文獻之把握更為突出。此類的代表作有吳震《羅汝芳評傳》（其還有涉及羅近溪的著作《陽明學研究》、《明代知識界講學活動系年1522-1602》），吳震先生治學嚴謹，對羅近溪哲學材料之把握可以說極為翔實、豐富。其認為近溪思想主要包括以「求仁」為宗旨、以「孝悌慈」為核心內容、以「天心」觀為基礎、以化俗為目的的講學活動幾個方面。這可以說基本把握住近溪一生之用心所在。筆者認為吳先生本書最大的特色就是細緻，其著作可以說幾乎考量到近溪哲學當中每一個細小的問題。而且圍繞這些問題，吳先生皆作出了詳細的討論，這些討論可以說皆給筆者研究提供極大的方便。

另一種為義理疏解類型，此類文章對羅近溪的思想不僅僅是從文本上作把握，而是力求相契貼切於羅近溪之生命來作瞭解，表現了濃重的新儒家治學的特色。此類的研究的代表著作有唐君毅《中國哲學

原論──原教篇》、臺灣博士論文謝居憲《羅近溪哲學思想研究》、臺
灣碩士論文李沛思《從工夫論看羅近溪思想之特色》、單篇論文楊祖
漢《羅近溪思想的當代詮釋》。

　　唐君毅先生在《中國哲學原論──原教篇》介紹了羅近溪的哲學
特色，其中說道：

> 吾人於此，如復能更進而深體吾之良知靈明，涵蓋彌綸於自所
> 感通之天地萬物，而未嘗忍與相離之義；則匪特人倫相與，不
> 在良知之所感通之外，且盈天地間，鳥啼花笑，草長鶯飛，山
> 峙川流，雲蒸霞蔚，凡吾人之聞見之知之所及，皆吾之良知之
> 感通所及。天地萬物之交感生化之事，呈於前者無窮，吾之良
> 知之感通，亦與之同其無窮。……生意之周流貫徹之謂仁。則
> 充塞天地，上下千古，唯是一統體之乾知不息之大明，終始其
> 間，亦即一坤能之終始於其間，仁體之周流貫徹於其間矣。吾
> 人循此用心，即可略知近溪之所以以良知通乾知，而以生生之
> 仁德為天德之故。[12]

　　觀這段話可以見唐先生對良知與仁之疏解可以說帶有濃重的生命
體證。其把握近溪的哲學非僅僅只是文本文獻上的疏解，而是力求用
生命來體貼近溪之哲學。

　　同樣，楊祖漢先生與其弟子謝居憲先生、李沛思先生的論文亦是
如此。因為謝先生的論文可以說全盤繼承楊祖漢的觀點，本人在這裡
只對謝先生的論文作一個介紹。謝先生對近溪哲學的研究論文可以說
是迄今為止研究近溪最好的論文之一。謝先生搜集資料之完備，對近
溪哲學關鍵問題把握之準確，皆可以說集本人之前所說的幾類型的研

---

12 唐君毅：《中國哲學原論──原教篇》（北京市：中國社會科學出版社，2006年），
　　頁272。

究者所長。謝先生拈出格物工夫來作重要的討論，並且由此討論了近
溪哲學之中最為關鍵的概念「覺悟」、「至善」等，可以說具有很高的
哲學見解。其討論更有從近溪生命來瞭解近溪哲學之自覺，可以說極
盡瞭解之同情之能事。本人在這裡引其中一個小段來作說明：

> 話雖如此，即先聖之格則就是人人本心所給出的律則，但是畢
> 竟是心外之物，豈不也是義外之說呢？以先聖為格則之同時，
> 吾人本心狀態為何？能主動給出律則嗎？的確，若對近溪哲學
> 不能貫通其義者，難免會有以上之質疑。（筆者案：如果格則
> 是外來的話，本心即是他律。）……而吾人本性之頻率（本
> 質）與聖人本性之頻率（本質）亦無二，既然無二，則二者可
> 以產生『共鳴』。即吾人本心雖未能發而為理，但是透過先聖
> 之格則規矩，可以誘發本心內在之振動，即產生本心之自我的
> 覺察。是以，雖然先聖之格則規矩是外來的，但是由於肯定吾
> 人之本心與聖人無異，且先聖之格則規矩『合於人心之公，極
> 夫天然之善而至』。故乍看有他律之嫌之格物之工夫，其實是
> 自己內心的自我要求，內心有一種不容己的想要振動，只是缺
> 乏一種誘發，先知先覺之誘發。」[13]

　　謝先生對近溪哲學的這種透澈入微之分析，可以說正是努力的復
原近溪哲學之原貌，想近溪之所想，思近溪之所思。
　　綜論此類研究的成果，此類研究者可以說對近溪的哲學皆有瞭解
之同情，皆要用最客觀視角，最貼切於近溪哲學原貌的思路來疏解近
溪的哲學。這類研究者的最大的欠缺並非是研究者對近溪哲學文本義
理的把握是否準確的問題，而是自身生命之體證不夠的問題。近溪曾

---

13 謝居憲：《羅近溪哲學思想研究》中央大學哲學研究所博士論文，2008年，頁154-
　　155。

借用象山的話言心，其說：「東海有聖人出，而此理同，此心同；西
海有聖人出，而此理同，此心同；南海、北海有聖人出，而此理同，
此心同。千古以上、千古以下有聖人出，而此理、此心亦無不同
也。」本人言此類研究者之不足，實即此類研究者未達至「同心」之
境地，其對近溪的哲學只能是摸索的接近之，如同隔盤猜物者，無論
其用盡各種辦法，亦只是一種猜度，因而其對近溪哲學把握的不準確
都是由此引生的。從這裡我引生出第四類型的研究，就是下文的創造
性之詮釋。

第四類　創造性之詮釋

　　何謂創造性之詮釋？筆者之界定就是近溪哲學的每一個觀念、每
一句話不僅僅是你外在於你生命的一些知識，同樣亦是你生命中所創
造出來的。近溪之心亦是你真實生命所生發之心，近溪所言之仁亦是
你生命中所呈現生發之仁，近溪哲學所體現之化境必然亦是你生命所
朗現創生之化境（此化境你至少可以智及，雖然你或不能仁守。）。
因為近溪之哲學本來就是一種「教」，就是要啟發你自身生命中之
「仁」，由此來純潔化你自身之生命以達至「大而化之」之境界的。
所以近溪之哲學必然要你自身朗現出「仁」來，方真真正正可以把握
得住的。本人在這裡引用鈴木大拙回復胡適之先生論禪的一段話作一
個說明，其云：「一、僅從智性（即為知性）分析是不能解釋禪的。
由於智性是關乎語言文字與觀念的，它永遠不能接觸到禪。二、即使
把禪做歷史性的研究，胡適把它放入歷史框架中的方法也是不正確，
因為他未能瞭解什麼是禪。我必須堅持的說，禪必須先從內在來領
會；只有在做過這種領會之後，才可以像胡適那般，去研究禪的歷史
外觀。」[14]鈴木博士雖然談的是禪，其同樣適用於所有關乎生命的學

---

14 鈴木大拙：《禪學隨筆》（臺北市：振文出版社，1972年），頁154。

問。我們來研究羅近溪之哲學同樣是如此，我們必須內在的領會近溪之哲學，方能來研究其哲學之外觀、方能準確的釐定其哲學中每一個概念的真正意蘊，方能真正的看清其哲學之風格特色、方能真正的展現其哲學之框架。此類研究者之代表有牟宗三先生（其關涉到羅近溪的著作主要有《心體與性體》三大冊、《從陸象山到劉蕺山》、《宋明儒學的問題與發展》、《康德第三批判講演錄》）和蔡仁厚先生（其著作有《王學流衍》）。蔡先生幾乎全盤承襲了牟宗三先生之觀點，因而本人在這裡不作詳談。筆者認為牟宗三先生對近溪哲學之把握正是達至「創造性詮釋」之程度，其云：「故順王學下來者，問題只剩一光景之問題：如何破除光景而使知體天明亦即天常能具體而真實地流行於日用之間耶？此蓋是歷史發展之必然，而近溪即承當了此必然，故其學問之風格即專以此為勝場。」此觀點可以說極具洞見，沒有對宋明儒學之宏觀之把握、沒有對近溪哲學達至「創造性詮釋」之人，是不能將近溪之哲學的特色與價值作有如此恰當的定位。

綜論此類研究之成果，牟先生對近溪之哲學把握可謂準確、恰當。但是牟先生對近溪哲學的疏解篇幅不多，可以說只是一個大體的框架，其並沒有對近溪哲學豐富之內容作詳細的論述，不知何故？近溪哲學裡面的各種觀念如「仁」、「格物」、「孝弟」等等在近溪哲學裡面如何方能有一個合理，妥善之安置呢？這裡正是筆者論文之起點。

故本論文的研究方法有兩個：

第一個方法即是上文所說的「創造性之詮釋」的方法，不僅僅外在的把握近溪哲學之文本資料，更先要內在地同近溪「此心」。本文將在論文正文裡面詳細展現筆者此一研究方法。

第二個方法用的是採取中心概念向外輻射的方法。一個講學者常常是將其求學之經驗教訓總結出來，然後以此來教導後來者。所以理學家之哲學體系往往以其求學之經歷是緊密聯繫在一起的。筆者在近溪哲學裡面拈出一個關乎近溪其自身求學之經歷與其後來設教立言的

一個核心概念──覺。筆者認為此概念可以說是近溪哲學一個「中心概念」，近溪所有其他哲學之觀念皆可以由此概念的確立而得到正確合理的解析，亦因此概念的確立而找到自己的恰當位置。

第一章
近溪生平的幾次「覺悟」

　　羅近溪（羅汝芳，字惟德，號近溪，1515-1588）與王龍溪（王畿，字汝中，號龍溪，1498-1583）世稱「二溪」。黃宗羲在《明儒學案》卷三十四論述羅近溪云：「論者謂龍溪筆勝舌，近溪舌勝筆。微談劇論，所觸若春行雷動；雖素不識學之人，俄頃之間，能令其心地開明，道在眼前；一洗理學膚淺套括之氣，當下便有受用，顧未有如先生者。」此即將近溪講學之風格恰當的表述出來。下文只選取近溪生平對其為學之影響較為重要的幾件大事作一簡單的介紹，以見近溪講學之特點所在。

第一節　近溪智慧發皇之源頭──尋一不嘆氣之事

　　羅近溪與曹胤儒言其為學之經過，說到：

> 羅子語曹胤儒，曰：「某（羅子）幼時與族兄，訪一親長，此親長頗饒富，凡事如意，時疾已亟，數向某兄弟嘆氣。（某）歸途謂族兄曰：「此翁無不如意者，而數嘆氣，何也？兄試謂，我兄弟讀書而及第，仕宦而作相，臨終是有氣歎否？」族兄曰：「誠恐不免。」某曰：「如此，我等須尋不嘆氣事為之。」某于時便已定志，吾子勉之。」[1]

1　羅汝芳著，李慶龍彙集：《羅近溪先生語錄彙集》（韓國：新星出版社，2006年），第292條。

立志尋一不嘆氣之事，此點正為羅近溪哲學智慧發皇之源頭也。每一個真正要追尋宇宙人生之真諦者，其必定對自己的生命有一個終極之關心，這點對生命之終極關心正是其一生哲學追尋的原動力所在。現實之生活皆是有待的，現實所追尋之事業皆只有相對的價格的，沒有絕對永恆之價值的。我們縱使一生有榮華富貴，然而終逃不過人生之大限──終有一死。死使我們所在世俗之努力皆化為虛無。死使得我們可以從現實之種種事業之執著之中解放出來，使得我們可以重新審視我們生命的真實意義所在。西哲海德格爾正是人之終有一死展開其哲學之體系：人先行到死，使得人空無物化的自己（存在者之身分），使得自己可以從周圍的存在者（存在之事事物物）有意蘊之關聯之中抽身回來，直面自己的本真存在，從而承擔起自己的真實存在。同樣近溪亦是從人之終有一死而開始追尋自己生命之真實意義所在。尋一不嘆氣之事，即為生命尋一永恆之價值。此處可以說是近溪生命最早之「開悟」，亦為近溪為學的終身課題。

第二節 遇「顏山農」──大夢得醒

亦正是「尋一不嘆氣」之事，近溪開始其為學之生涯。近溪自述其少年之事，言：「每謂：人須力追古先，於是一意思以道學自任，卻宗習諸儒各樣工夫，屏私息念，忘寢忘食，奈無人指點，遂成重病。」[2]試問，現在還有多少個人可以因求道而積習成重病者？此見近溪為學之精誠。蓋人心有疑惑，必要尋一解答，此疑不能解開，必如影隨形，血脈亦固結而不通暢，身心皆不得安寧，此近溪重病形成之原因。近溪一生多次為學而致重疾，而很多次都是其生命遭遇到重大的課題不得其解所導致的，而疾病的消除常常迎來了其學問進展以

---

2 羅汝芳著，李慶龍彙集：《羅近溪先生語錄彙集》，第237條。

及生命的提升。

近溪後來警覺人即有說到:「有志豪傑,須早覓明眼真師,下翻辛苦氣力,凡從前見解伎能,盡數通身,剝落到牙關再開不得處,腳步再進不得處,不計日子年歲,不圖些小便宜,到那水窮山盡之鄉,自有闖卒轉頭時候,方信孩提之知能,與造化之知能,欲擬一個也,非一個,欲擬兩樣也,非兩樣,統天統地而為心,盡人盡物以成性,大似混沌而卻實伶俐,大似細碎而卻實渾全。」[3]此即見人為學之艱苦。孩提之知能,即良知良能也,其如何即是造化之知能呢?要透澈領悟於到此處,非在生命之中痛下工夫不可。而亦是此種精誠之追尋,使得近溪在二十六歲迎來生命之中的第一次覺悟。

> 芳具述:「昨遘危疾,而生死能不動心,今失科舉,而得失能不動心。」
> 先生俱不見取。(芳)問之。
> (先生)曰:「是制欲,非體仁也。」
> 芳謂:「克去己私,復還天理,非制欲,安能以遽體乎仁哉?」
> 先生曰:「子不觀孟氏之論四端乎?知皆擴而充之,如火之始燃,泉之始達。如此體仁,何等直截!故子患當下日用而不知,勿妄疑天性生生之或息也。」
> 芳時大夢忽醒,乃知古今天下,道有真脈,學有真傳,遂師事之。[4]

二十六歲的近溪遇顏山農可以說是促成近溪一生之中的第一次大覺。近溪有言:「孟子謂:以先知覺後知,以先覺覺後覺,天下廣闊,其間自有先知、先覺的人,若不遇此等人說破,縱教聰慧過顏、

---

3 羅汝芳著,李慶龍彙集:《羅近溪先生語錄彙集》,第264條。
4 羅汝芳著,李慶龍彙集:《羅近溪先生語錄彙集》,第237條。

閔，果然莫可強猜也已。」[5]此即見近溪始終將師友作為人悟道之最大的助緣。雖然師友之作用如此之大，然後其本質之工夫還要自己「體仁」。師友之作用只是對自己的悟道有啟發的作用。因而近溪說「體仁而非制欲」。蓋仁本為自生自發的，可以自知自證的。其當然不能外在的強要來把捉。所以近溪言：「知皆擴而充之，如火之始燃，泉之始達。如此體仁，何等直截！」體證此心，然後擴充此心，由此心而行，化除欲望。人之欲望無窮無盡，如果沒有體證到本心，由本心來導引欲望，欲望如何能徹底的去除掉呢？況且無本心之體證，單言制欲，制欲的力量來自於那裡呢？最終亦只能是以氣制氣而已。正是顏山農的啟發，使得近溪終於在知識外在之涉獵之中、在外在制欲的漸磨之中回歸於內在的本心。

> （接上）比聯第歸家，苦格物莫曉，乃錯綜前聞，互相參訂，說殆千百不同，每有所見，則以請正先君，先君亦多首肯，然終是不為釋然。三年之後，一夕忽悟今說，覺心甚痛快，中宵直趨臥內，聞於先君。
>
> 先君亦躍然起舞，曰：「得之矣！得之矣！」
>
> 迄今追想一段光景，誠為平生大幸大幸也。後遂從大學至善，推演到孝弟慈，為天生明德，本自一人之身而末及國家天下。……

近溪言「大夢得醒」即是形容其覺悟之後的心情。「格物」即是在此「體仁」之背景下義理之展開與純熟。在這裡我們可以看到近溪闡釋經典的一個方法：就是他往往是將經典融會於自己的那一套想法裡面。「苦格物莫曉」並非說近溪真不懂「格物」字面的意思，而是

5　羅汝芳著，李慶龍彙集：《羅近溪先生語錄彙集》，第80條。

「格物」這一套說法與他覺悟到「體仁」的那一套想法還有不相合的
地方，其最後言「忽悟今說」只是自己那套想法終於可以無窒礙的解
通「格物」。近溪常言「一以貫之」，在解釋經典的時候，其實就是用
自己最為核心的思想將所有經典貫通起來。這亦是筆者為什麼自信可
以從「覺悟」這個核心的觀念的釐清而恰當解釋近溪哲學思想的根
據。因為一個真正偉大的儒者總在自身生命的踐履之中達致一個確定
不移的、既主觀而又客觀的洞見。而其所有的理論教法可以說都是由
這個洞見一根而發的。抓住了這個洞見，其所有的思想亦可以全部的
朗現。如陽明的核心觀念即在「良知」。當然這是一個實踐的概念，
而非一個字面的名詞。就是你要實踐的達致將「良知」在你生命如如
朗現之境地，你方能真正把握住。否則如果只從名詞的層面來界定
「良知」有多少意蘊，那必然是一種徒勞。而近溪的這個洞見就是
「覺悟」。把握住核心之所在，其所有思想亦甚簡單（其難在於踐履
之難）。一般人抓不住其核心所在，只能逐字逐句的來研磨術語，必
感覺其思想鋪陳極為繁複，足以迷亂於其中不能自拔。正是這樣本論
文筆者採用一種極為簡潔的寫法，提綱挈領的將其中心之觀念「覺
悟」確定。而近溪其他的哲學思想，如「仁」、「易」、「格物」等等都
只是簡略的說過，不作詳細的分疏。因為這些思想其實反反覆覆都是
鋪陳「覺悟」後所達致的「萬物為一體」的境地，其全部的言談實亦
不過「萬物為一體」一句話即可以說清。因為凡是論及達致的境界
的，多談少談皆不影響近溪哲學的真正的意蘊。這些都是「覺悟」工
夫（此工夫亦可以說是無工夫的工夫，下文再談）所達致的效驗。既
是效驗，即不必多談深談，運用之妙，只存乎自己之一心。

第三節　見「泰山丈人」──執念漸消

　　近溪一生還有一次重要之大覺，此「覺」彰顯近溪之講學特

色──以覺為入手，破除「知體」造成之光景，使得知體可以具體的
流行於日用之間。此事《近溪全集》記載為癸丑年，即一五五三年，
近溪年三十九歲。楊復所在〈羅近溪先生墓誌銘〉係此事於一五六〇
年，近溪是年四十六歲。蔡世昌先生即案其語錄中之「癸丑」之語，
確定此事發生在一五五三年，即近溪三十九歲這年[6]。文如下：

> 癸丑，羅子過臨清，忽遘重病，一日倚榻而坐。
>
> 恍若一翁來，言曰：「君身病稍康矣，心病則復何如？」（筆者
> 案：常人或以為這近乎迷信偏執狂熱之人所產生的幻覺。然而
> 此為身體力行、踐履精誠之人所必有之遭遇。蓋踐實地踐履，
> 必遭遇種種之問題，要徹底的在生命澄明此中的問題，必待一
> 機緣。此機緣或為夢境、或為外在環境的刺激、或前人的一句
> 言語。總之精誠之人其必有各種機緣而至。）
>
> 羅子默不應。
>
> 翁曰：「君自有生以來，遇觸而氣每不動，當倦而目輒不瞑，
> 擾攘而意自不分，夢寐而境悉不忘，此皆君心錮疾，乃仍昔
> 也，可不亟圖瘳耶？」（筆者案：人所體證──「心體」、「仁
> 體」，即將此體對象化，投置於外，把捉此體，再用此體來強
> 制自身之意欲動念。其「不動」，「不瞑」、「不分」、「不忘」即
> 是把捉定此投置出去之對象化之體，不敢亦不肯放鬆，所以一
> 念耿耿，深怕其散失。這裡的散失不是孟子所說的放失其心，
> 不要放失其心是言當下逆覺體證到的心要擴充出來，近乎「勿
> 忘勿助」之勿忘；而這裡把捉此心是隔離了當下之時機而強制
> 的要把捉住的，近乎「勿忘勿助」之助。）

6　蔡世昌：《羅近溪先生年譜稿》，《中國儒學》（北京市：商務印書館，2009年），第
　　一輯，頁401。

羅子愕然曰：「是則我之心得，曷言病？」（筆者案：此心體即近溪為顏山農所啟發而領悟的所得。然此心本是活活潑潑地的，隨當下之事事物物而具體朗現的，而非懸置起來的抽象之體，更不能將此體對象化。何謂對象化呢？就是將此體作為一個對象來把握住，定住在那裡，然後護持住它。如此這個體不復真正的心體。此即下文所言的陰靈存想，是為鬼界也。）

翁曰：「人之身心，體出天常，隨物感通，原無定執。君以宿生操持，強力太甚，一念耿光，遂成結習，日中固無紛擾，夢裡亦自昭然。（筆者案：此即近似於劉蕺山的嚴毅清苦。然而蕺山之嚴毅清苦由慎獨而來，此中見道德的尊嚴性，即康德所言的道德的普遍法則對感性一面的人的強制性的一種絕對的命令。而近溪的強力太甚近乎他律之道德，由抽象懸置起來的心體來強要來定住自己，不為外物所動。豈知此心體本是「動亦定，靜亦定」的，本是「寂然不動感而遂通天下之故的」。）君今謾喜無病，不悟天體漸失，豈惟心病？而身亦不能久延矣。蓋人之志意，長在目前，蕩蕩平平，與天日相交，此則陽光宣朗，是為神境，令人血氣精爽，內外調暢。如或志氣沉滯，胸臆隱隱約約，如水鑒相涵，此則陰靈存想，是為鬼界，令人脈絡糾纏，內外膠泥。君今陰陽莫辨，境界妄縻，是尚得為善學者乎？」

羅子驚起，叩謝伏地，汗下如雨，從是執念潛消，血脈循軌。[7]

蓋心體本出自天常，隨物感通，當惻隱自惻隱，當羞惡自羞惡，當辭讓自辭讓，此心因時而出之。此心體本為真實具體的當下朗現之心。然而人將此心投置出去，對象化，使此心抽象懸置起來，此心即

7　羅汝芳著，李慶龍彙集：《羅近溪先生語錄彙集》，第290條。

是死心，不復具體的活活潑潑之心矣，此所謂「宿生操持，強力太甚，一念耿光，遂成結習」。強力太甚，此即用外力來強制把捉心體，自家動了動手，心體不復再是隨物感通之心體也。人必定要進而將懸置起來之心體放下，使其通徹於具體之事事物物之中，使得心物為一，如此心方能不滯，如此方能執念潛消，血脈循軌。近溪經此大覺，終於形成自己講學之獨特風格，即覺悟為先，破除光景也。這些問題此下文方詳述。

第二章
「覺」義之界定

第一節　學覺也，覺靈知也

　　「覺、悟」可以說是羅近溪語錄中出現頻率最高的兩個字之一。近溪有言：「學覺也，覺靈知也。人心之靈，動於感應，其是非得失，微妙纖悉，罔不自知，循其知而致焉，是聖賢之關鍵也。」[1]近溪直接將「學」與「覺」等同起來。「是非得失之知」為德行之知也，是有價值判斷之知，這種知顯然不是知識之知。我們要把握這種「靈知」，當然不能像把握知識那樣，從聞見記誦等等而入，而要從「覺悟」而入。「循其知而致焉，」致者，近溪解作復，復此靈知之本體也。複者，實亦是「覺」義。所以我們可以清楚地知道近溪所言的「學」之真實意義。此學當然不是我們平常所講的詞章訓詁之學，同樣亦不是邏輯數學物理等等知識之學，這種「學」是「覺」靈知之「學」。近溪又言：「孔子十五而志於學，學是大學也，大人之學，必聯屬家國天下以為一身。」[2]大人之學，即是成聖成賢之學。羅近溪有言：

　　問：「學以為人，須要得個直截道路，方令行者不差而人人可做，何如？」

　　羅子曰：「……蓋人之為人，其體實有兩件，一件是吾人此個

1　羅汝芳著，李慶龍彙集：《羅近溪先生語錄彙集》，第460條。
2　羅汝芳著，李慶龍彙集：《羅近溪先生語錄彙集》，第269條。

身子，有耳有目，有鼻有口，有手有足，此都從父精母血凝聚而成，自內及外只是一具骨肉而已。殊不知其中原有一件靈物，圓融活潑，變化妙用，在耳知聽，在目知視，在鼻知臭，在口知味，在手足知持行，而統會於方寸，空空洞洞，明明曉曉，名之為心也。心，則孟子謂之曰大體，蓋體中之大者也；耳目口鼻四肢，孟子謂之曰小體，蓋體中之小者也。顧人從之何如耳。從其小則為小人，從其大則為大人。心止方寸，如何卻為大？身長七尺，如何卻為小？蓋目只管看色，耳只管聽聲，鼻口只管臭味，四肢只管安逸，所欲所嗜所求，不過面前受用，不能相通，更不知有其他，其體段原已纖細。做人者，若在此等處去尋路行走，行得最好，便是今之鄉人出色者，田地足以充腹，廬舍足以安居，世業足以貽傳子孫，其一身口耳四肢也安頓停當，不論出仕、在家，卻都成得個人，但規模小小。（筆者案：近溪之語錄常常極長，蓋其善於形容也，世稱其「舌勝筆」，不虛言也。本文摘錄其問答，常有為難之感，原因其語錄很長而蘊含的內容卻是簡單，不過極盡其形容之能事，而只是反反覆覆然鋪陳一個意思。而其雖形容之妙，只增進人之理解，實於其義理並無有太大之影響。如上文實亦不過說大體、小體之辨，要人從大體不從小體也。下文亦是如此。）此雖是一條徑路，然聖人說道：從欲惟危。蓋其發端，既從口耳四肢之欲著了一腳，此欲原是無厭足的東西，若稍放一步，便貪求非所當得，外面雖圖掩覆，而其中未必光明，其做人即落邪徑，而成個小人中之險邪者。再若行險機熟，門面不顧，耳淫於聲，目亂於色，口體饕餮，四肢狠縱，便墮坑塹荊棘，反自殘其身而為凶人惡人，以至於禽獸異類而莫可紀極者矣。究其根源，也皆是各要出頭做人，但起初由身家一念嗜欲中來，末流遂不可救藥。此可見小體之必不可從，而小人一

路，決不可不審擇防閑也。若吾心體段，則藏之方寸之間，而通之六合之外，其虛本自無疆界，其靈本自無障礙，能主耳目而不為所昏，能運四肢而不為所局。故聖人於其脫胎初生之際，人教不得、物強不得時節，渾然冥然之中，卻指示出一條平平正正，足以自了此生的大路，說道：大人者，要不失這一點赤子時，曉知愛爺、曉知愛娘，伶伶俐俐，不消慮、不消學的天地生成真心也。此個真心，若父母能胎教、姆教常示毋誑，如古之三遷善養，又遇著地方風俗淳美，又且有明師為之開發，良友為之夾持，稍長便導以遜讓，食息便引以禮節，良知良能生生不已。知好色而不奪於少艾，有妻子而不移於恩私，則一舉足而不敢忘父母，一出言而不敢忘父母，將為善，思貽父母令名，必果；將為不善，思貽父母羞辱，必不果。一生為人，若果千緣萬幸，上得這條程途，方可謂之做人的大路。禮經所謂：置之而塞乎天地，通乎民物，推之東海而準，推之南海而準，推之北西海而準，推之前乎千古而準，後乎百世而準。是則聯天下國家以為一身，聯千年萬載以為一息，視彼七尺之軀而旦夕延命者，何如耶？故只不失赤子之心，便可以名大人，而大人者便可與天地合德，日月合明，四時合序，而鬼神合吉凶也。孟氏從其大體為大人，真是格言至訓，簡易直截，惟在乎審所從而已。」（筆者案：近溪之講學，最終必講到天地萬物為一，這是近溪講學的特點。這裡由大體，真心而成就大人，大人即使天地萬物為一體之人。這裡作一個提醒，下文詳述。）[3]

此段話極為精彩，對人極具啟發性，筆者將其全部摘錄下來。這

3　羅汝芳著，李慶龍彙集：《羅近溪先生語錄彙集》，第169條。

段話可以說將近溪心目中對「學」之理解和盤托出。大體、小體之區分出自《孟子》，〈告子上〉第十五章：「（公都子）曰：『鈞是人也，或從其大體，或從其小體，何也？』（孟子）曰：『耳目之官不思，而蔽於物，物交物，則引之而已矣。心之官則思，思則得之，不思則不得也。此天之所與我者，先立乎其大者，則其小者弗能奪也。此為大人而已矣。』」人成就一行為可以由真心而行，亦可以由軀殼所起之意欲而行。此兩種行為因所由之而行的不同動機而可以成就兩種不同的人。一種人即是孟子所言的蔽於物者，即從小體之小人也。這種人即是近溪所言的「蓋目只管看色，耳只管聽聲，鼻口只管臭味，四肢只管安逸」者，也就是陽明所言的軀殼起念也，此念也就是「有善有惡意之動」之「意念」也。人可以憑依感性經驗之軀殼所起之意念成就一行為，由此意欲而行，其事業成就發揮極致亦不過一生榮華富貴而已，然而此只是「規模小小」。此只是一小人而已。小人者，務活其形之為小也，囿於其軀殼而為小也。而另一種人即依「真心」而行之人，此即孟子所言的從其大體之「大人」也。大人者，不失其赤子之心也。此心體極大，可以「通之六合之外，其虛本自無疆界，其靈本自無障礙。」可以「置之而塞乎天地，通乎民物，推之東海而準，推之南海而準，推之北西海而準，推之前乎千古而準，後乎百世而準。是則聯天下國家以為一身，聯千年萬載以為一息，視彼七尺之軀而且夕延命者。」學以為人者，學以成就大人也。而要成就大人之路徑只能從其大體也。亦可以說存養此「大體」不令其放失也，而大體即真心也。只有將此心體如如朗現出來方能做到「能主耳目而不為所昏，能運四肢而不為所局。」所以近溪心中所想之學，無非只是成就大人之學，實只是要人如如朗現此真心，從其真心而行，使人真心不放失也。學者，最終無非是上文所言的覺也，覺靈知也，覺真心也。近溪又言：「此個東西本來神妙，不以修煉而增，亦不以不修煉而滅。其最先下手，只在自己能悟，悟後又在自己能好能樂，至於天下

更無以尚,則打成一片,而形神俱妙,與道合真矣。」[4]此神妙之東西即靈知也。其最先下手,只在自己能悟與否。其又言:「入手則在覺悟,妙悟能徹,乃見精通。」[5]聖學入路即在覺悟也。又有:「聖賢之道原從心上覺悟,故其機自不容已。」[6]所以即有弟子在發問中說到「某聞天下之道,皆從悟入。」[7]所以我們可以清楚地知道近溪所言之學的真實意義,即是「覺」真心,「覺」「靈知」也。然而近溪所言的「覺」究竟是何意義呢?

第二節 「覺」的含義之界定
——天之知與人之知為一

> 近溪言:「汝輩只曉得說知,而不曉得知有兩樣。故童子日用捧茶,是一個知,此則不慮而知,其知屬之天也;覺得是知能捧茶,又是一個知,此則以慮而知,而其知屬之人也。天之知,只是順而出之,所謂順,則成人成物也;人之知,卻是返而求之,所謂逆,則成聖成神也。故曰:以先知覺後知,以先覺覺後覺。人能以覺悟之竅而妙合不慮之良,使渾然為一而純然無間,方是睿以通微,又曰:神明不測也。噫!亦難矣哉!亦罕矣哉!」[8]

天之知,即不慮而知之知也。吾人在這裡將此天之知看作是客觀面之知。客觀之為客觀,第一,在於此「知」為人人皆有之知,人人

---

4 羅汝芳著,李慶龍彙集:《羅近溪先生語錄彙集》,第75條。
5 羅汝芳著,李慶龍彙集:《羅近溪先生語錄彙集》,第40條。
6 羅汝芳著,李慶龍彙集:《羅近溪先生語錄彙集》,第92條。
7 羅汝芳著,李慶龍彙集:《羅近溪先生語錄彙集》,第96條。
8 羅汝芳著,李慶龍彙集:《羅近溪先生語錄彙集》,第50條。

皆同之知，無此「知」者，非人也，近溪言「天之生人，蓋無有一理
而不渾涵於其心，吾心之理，亦無有一時而不順通於所感，蓋自孩提
之愛敬而已然矣。」[9]孩提之童即愛敬其親長，有其良知良能也。其
次，客觀之為客觀，為此「知」之廣大為通天下萬物為一體之知，體
物而不可遺之「知」。近溪有言：「蓋良知心體神明莫測，原與天通，
非思慮所能及，道理所能到者也。」[10]此心體與天通而為一，近溪又
言：「蓋吾心之德，原與天地同量，與萬物一體。」[11]

　　然而此天之知如何為人所把捉而落實於自己的生命裡面？語錄又
有言：

> 問：「知之本體，雖是明白，然學者之病，常苦於隨知隨蔽，
> 又將奈何？」
> 羅子曰：「諸友試說，汝心如何謂隨知？如何卻謂隨蔽？」
> 即有應者曰：「如子路強其所不知以為知，即是蔽處。」
> 又有應者曰：「此亦只是知得不真，便會蔽。若志氣的確要去
> 為善之時，則外物私欲即自然蔽他不得了。」
> 羅子曰：「……何則如今時諸說說到：志氣的確要去為善，而
> 一切私欲不能蔽之。其善是何等的好！汝獨不思？汝心之知之
> 為知之、不知為不知，其光明本體豈是待汝的確志氣去為出來
> 耶？又豈容汝的確志氣去為得來耶？」
> 其友默然良久曰：「誠然此知非從為中出來，亦誠然非可容人
> 為得來也。」
> 羅子曰：「此心之知，既果不容人去為得，則類而推之，亦恐
> 不容人去蔽得，既果不容人去蔽得，則子路雖強所不知以為

9　羅汝芳著，李慶龍彙集：《羅近溪先生語錄彙集》，第193條

10　羅汝芳著，李慶龍彙集：《羅近溪先生語錄彙集》，第144條。

11　羅汝芳著，李慶龍彙集：《羅近溪先生語錄彙集》，第143條。

知，其本心之知亦恐不能便蔽之也已。」

其友亦默然良久曰：「誠然此知非一切所得而蔽之也。」[12]

此天之知自己本身即有一股不能自已的要湧出來之力量，我們可以說天之知自己即可以呈現出來的，人自己亦不能蒙蔽之。此不能蔽之，是說天之知呈現之必然性，不是說天之知呈現後其不能為物欲所遮蔽。我們可以引《孟子》〈告子上〉來理解：「雖存乎人者，豈無仁義之心哉？其所以放其良心者，亦猶斧斤之於木也，旦旦而伐之，可以為美乎？其日夜之所息，平旦之氣，其好惡與人相近也者幾希，則其旦晝之所為，有梏亡之矣。梏之反覆，則其夜氣不足以存；夜氣不足以存，則其違禽獸不遠矣。人見其禽獸也，而以為未嘗有才焉者，是豈人之情也哉？」此仁義之心每個人皆有，皆可以呈現出來的，即便斧斤旦旦而伐之亦不能覆滅之，其仍然可以呈露出來（平旦之氣也）。天之知亦如此，此知非一切外物私欲可以蔽之也。既然天之知自己即可以呈現出來，那麼作為我們人之知應該如何來契合天之知呢？而唯一之途即是「覺」。

「覺」者，天之知自我呈現，自我發露影響於人之一面，使得人自身覺悟警醒也。近溪言：「覺得是知能捧茶，又是一個知，此則以慮而知，而其知屬之人也。」我們可以將此「覺」義之人之知看作是主觀一面的知。主觀者，側重於有感性意欲之人此一面而體證到的天之知，而所謂的猛然驚醒覺悟也。我們可以從近溪對「克己復禮」的回答之中來作理解：

問：「復，何以能自知也哉？」

羅子曰：「是則有生而知之者矣，聞一善言，見一善行，沛然

---

12 羅汝芳著，李慶龍彙集：《羅近溪先生語錄彙集》，第204條。

若決江河，莫之能禦者也；有學而知之者矣，我非生而知之
者，好古敏以求之者也；有困而知之者矣，人一能之，己百
之，人十能之，己千之，果能此道，而雖愚必明者也。」[13]

　　自知即人之知也，即覺也。復者，近溪在解「克己復禮」言「能
以身復乎禮者」[14]也。身者，人之主觀一面也。人之視聽言動皆合乎
禮也，即復仁矣。復皆是本有而回復之，恢復之。非從無之中強生出
來也。近溪又言：「學易所以求仁也。蓋非易無以見天地之仁，故
曰：生生之謂易，而非復無以見天地之易，故又曰：復其見天地之
心。夫大哉乾元，生天生地，生人生物，渾融透澈，只是一團生理。
吾人此身，自幼至老涵育其中，知見云為，莫停一息，本與乾元合
體。眾人卻日用，不著不察，是之謂道不能弘人也。必待先覺聖賢的
明訓格言，呼而覺之，則耳目聰明頃增顯亮，心思智慧豁然開發，真
是黃中通理而寒谷春回。此個機括，即時塞滿世界，了結萬世，所
謂：天下歸仁，而為仁由己也。」[15]天地之心，即天之知也，此亦為
乾元也，一團生理也。此天之知本在吾人此身之中，必要人復得此
體，復方能見此天地之心也。呼而覺之者，實即覺悟而恢復此天地之
心之完完全全於吾身之中也。

　　這裡大體的闡述了羅近溪「覺悟」的思想。但是單看羅近溪自身
「覺悟」的這種穎悟不足以看出其哲學之特色。蓋儒家所言「覺悟」
亦多矣，如孟子「求放心」即是蘊含一種「悟」；明道所言的「識
仁」亦是悟，「仁者，與萬物為一體」亦要「悟」。象山的先立其大亦
要悟「本心」，其所言的「吾心即宇宙」更是「悟」。凡此種種
「悟」，究竟有何差別？近溪這種「悟」究竟居於何種地位？這必定

---

13 羅汝芳著，李慶龍彙集：《羅近溪先生語錄彙集》，第35條。
14 羅汝芳著，李慶龍彙集：《羅近溪先生語錄彙集》，第34條。
15 羅汝芳著，李慶龍彙集：《羅近溪先生語錄彙集》，第36條。

要整體考察並梳理宋明以來諸儒關於「悟」的種種分別，用一種判教之形式將其意蘊展露出來，如此，近溪學「覺悟」的含義方可以得到準確的釐定，其在儒學史上的位置，以及承擔儒學的使命庶乎亦可以得到恰當的定位。

第三章

從「化儀」之教衡定近溪「覺悟」之中蘊含的儒家圓教問題

　　覺悟本應歸屬於天臺所言的化儀之教，也就是說法教化眾生的方式，如處世藥方，相對於化法四教而言，化法為說法教化眾生所說之法的內容，如辨藥味。天臺化儀四教有「頓、漸、秘密、不定」。天臺只是粗略區分了漸與頓之間的區別，然後漸亦有頓之漸、有徹底之漸。徹底之漸即是牟先生所言的：「吾人不得不落於第二義上而從事於磨練、勉強、熏習、夾持、擇善而固執之之預備工夫、助緣工夫，以及種種後天之積習工夫，以求吾人生命（心）之漸順適而如理。」[1]然而還有一種悟，處於漸與頓之間的。如陽明之良知即是如此。牟先生言：

　　故當言致良知以誠意時，必先認定對此良知已有證悟。否則致良知根本無從說起，故王陽明云：

> 乃若致知則存乎心悟，致知焉盡矣。」（《大學古本序》，《陽明全集》，卷七）。是則雖在四有句之致知亦須對於良知本體有一種「心悟」。
>
> ……
>
> 因此，四有句便不是徹底的漸教，亦不是徹底的後天之學。著眼於動意是後天，然其對治底根據是良知，則又是先天。其為

1　牟宗三：《從陸象山到劉蕺山》，《牟宗三全集》（臺北市：聯經出版事業公司，2003年），第8冊，頁74。

漸是只因有所對治而為漸。這種漸是有超越的根據的，因而亦
含有頓之可能之根據。（頓教必承認有本心始可能。無超越的
本心，便只有是徹底的漸教與後天之學，此如朱子與唯識
宗。）這種漸就好像《起信論》之為漸，其函著頓就好像華嚴
宗根據《起信論》而進一步就《華嚴經》言圓頓。這樣說，四
句教雖是漸，亦含有頓之可能而可通於頓。因此，王龍溪說四
無，於陽明學中並非無本。[2]

故這裡在天臺四教的頓與漸之間增加一種「化儀」之教。此即是
牟先生所言的逆覺體證。原因逆覺之覺悟與頓悟之悟在形式、方式上
是不一樣的。由此方式對應的「化法」之內容肯定亦不同。所以，這
裡再繼續梳理牟先生關於逆覺的梳理。

第一節　牟宗三先生關於逆覺的疏解
──「內在體證」以及「超越體證」

何為逆覺呢？牟先生言：「逆覺者即逆其汨沒陷溺之流而警覺
也。警覺是本心自己之震動。本心一有震動即示有一種更內在不容已
之力量突出來而違反那汨沒陷溺之流而想將之挽回來，故警覺即曰逆
覺。」[3]而逆覺牟先生有區分了「內在的體證」和「超越的體證」。牟
先生說到：

此是道德踐履上復其本心之最切要而中肯之工夫，亦是本質之
關鍵。此種「逆覺」工夫，吾名之曰「內在的體證」。「逆覺」

2　牟宗三：《從陸象山到劉蕺山》，《牟宗三全集》，第8冊，頁226。
3　牟宗三：《從陸象山到劉蕺山》，《牟宗三全集》，第8冊，頁138。

即反而覺識之、體證之之義。體證亦函肯認義。言反而覺識此本心，體證而肯認之，以為體也。「內在的體證」者，言即就現實生活中良心發見處直下體證而肯認之為體之謂也。不必隔絕現實生活，單在靜中閉關以求之。此所謂「當下即是」是也。李延平之靜坐以觀喜怒哀樂未發前大本氣象為如何，此亦是逆覺也。但此逆覺，吾名曰「超越的體證」。「超越」者閉關（「先王以至日閉關」之閉關）靜坐之謂也。此則須與現實生活暫隔一下。隔即超越，不隔即內在。此兩者同是逆覺工夫，亦可曰逆覺之兩形態。「逆」者反也，複也。不溺於流，不順利欲擾攘而滾下去即為「逆」。此兩種逆覺工夫，皆為朱子所不契。對於其師之「超越的體證」，則認為偏於靜，有類於坐禪，而欲以「敬」代之。殊不知靜複以見體乃儒者本有之義，是慎獨工夫所必函者。[4]

案：牟先生在這裡將逆覺區分為「內在體證」以及「超越體證」。內在體證，大體心學所代表的工夫進路，典型有孟子的「求放心」、象山的「先立乎其大」、陽明的「致良知」等。這是我們在日常生活之中，在我們行為出現錯誤之時，良心覺悟警醒。這裡逆覺到的更多是「心體」一面。[5]

而「超越體證」並非是在日常生活之中，尤其我們自身行為沉溺於經驗生活的時候而體證「心體」的。「超越體證」更多是獨對「天

4　牟宗三：《心體與性體（二）》，《牟宗三全集》（臺北市：聯經出版事業公司，2003年），第6冊，頁494。

5　由於本章疏解幾乎都是將牟先生的義理按照逆覺、頓悟等方式，重新做整理——筆者無意重新樹立一義理，更多只是做述而不作之工作，當然重新整理或有一些不同於牟先生的地方，亦只是牟先生原有義理基礎上做一點點的調整——故闡述或者有簡略之處，原因大部分義理牟先生都有詳細展開，諸位可以按照本文的引用回溯牟先生原文即可。

地」而生發出來的「戒慎」、「恐懼」之「誠敬」之情。故這裡先王閉
關，隨之而來的是「靜復見天地之心」。這裡靜而見之天地之心，直
接就是「君子當終日對越在天也」（「對越在天」是《詩周》〈頌〉〈清
廟〉之詩語）。而「超越的體證」可以說遠契於先秦儒家之傳統，如
《詩經》〈大雅〉〈文王〉即有：「上天之載，無聲無臭。」又有：「上
帝臨汝，無貳爾心。」（《大雅》〈大明〉）又有「皇矣上帝，臨下有
赫。監觀四方，求民之莫。」（《大雅》〈皇矣〉）由此威嚴之天，轉
化為內在的道德之莊嚴性，近乎一種絕對的命令，所以《中庸》言：
「是故君子戒慎乎其所不睹，恐懼乎其所不聞。莫見乎隱，莫顯乎
微，故君子慎其獨也。」而「慎獨」之「獨體」即是此一工夫進路之
「悟」。

　　這一路工夫的代表為濂溪的「知幾、審幾」；龜山至延平的門下
相傳指訣，所謂「靜坐以觀喜怒哀樂未發前大本氣象」；亦有蕺山的
「慎獨」。

　　「內在體證」與「超越體證」的不同，主要是「內在體證」往往
是先在我們日常當下的生活之中、在意欲之滾流中，然後在逆覺體證
到本心。超越的體證先是證悟「性」、「天」而來的莊嚴感，故「君子
當終日對越在天也」。而相反內在體證君子對越的是「地」，是我們日
常生活之中的一舉一動。故對越於天而來的工夫進路即無心學之顯
豁，而極為隱微。故濂溪言「幾」，其言：「動而未形，有無之間者，
幾也。」（《通書》〈聖第四〉）此即是隱微、細小之處見之。蕺山的
《人譜續篇二》〈紀過格〉亦說到：

　　　一曰微過，獨知主之。妄：獨而離其天者是。以上一過實函後
　　來種種諸過，而藏在未起念以前，彷彿不可名狀，故曰微，原
　　從無過中看出過來者。「妄」字最難解，直是無病痛可指。

　　牟先生言此路工夫為「密」教。原因這裡的「妄」是直接對照「獨體」而來，是我們先證悟到「天」之莊嚴性，由此天而來的「獨體」而察見出我們生命最終深邃、隱微的病痛，這種病痛直無病痛可言，故蕺山言從無過之中看出過來。而致良知更多的是我們已經在應接事物之中，心已經觸及事物而生發出各種動念，這裡的意欲已經粗大，故心亦顯豁。所以超越的體證或者可以說是一種「順覺」，而不是逆覺。原因超越體證一開始是直接對越於天，是直接證悟「性體」的，或者直接證悟「獨體」的，再照見我們的「幾、微」。而內在體證，是我們已經應接事物，從欲望的滾流之中逆反到「心體」。當然超越的體證亦有一種「靜」，要人暫時隔離我們日常生活的，牟先生從這裡說「逆覺」，亦並無不妥。

　　佛家並無「超越體證」一面，原因佛家缺失「天」之面向。這是儒家獨特的義理。而「內在的體證」一面，佛家或有「如來自性清淨心」之「始覺」可以作為對照。這亦是筆者認為佛家的「通教」以般若作為衡量，而儒家的「通教」卻不一樣，在於「性、天」一面。[6]故程頤言：「《書》言天敘、天秩。天有是理，聖人循而行之，所謂道也。聖人本天，釋氏本心」（《二程全書》《遺書卷二十一下》〈伊川先生語七下〉）。牟先生即在這裡說：「『聖人本天』，重視客觀面的天、道、理，這亦不錯，儒家的共同意識當然實有此義，明道亦實有此義，但說『聖人本天，釋氏本心』，以此判別儒佛，便顯偏差。」聖人本天，而這是釋氏所無，故佛家並無「超越體證」一面。

第二節　從逆覺到頓悟

　　但是逆覺的體證並非了悟的體證，必須還要進至頓悟方能真正到

6　筆者將另作專文詳述。這裡提出這點來，以見儒佛兩教判教義理的一些差異。

家，心體或性體方能真正透澈把握而貞定。牟先生又言：

> 當然逆覺體證並不就是朗現。逆覺，亦可以覺上去，亦可以落
> 下來。但必須經過此證。體證而欲得朗現大定，則必須頓悟。
> 此處並無修之可言。（修能使習心凝聚，不容易落下來。但本
> 質地言之，由修到逆覺是異質的跳躍，是突變，由逆覺到頓悟
> 朗現亦是異質的跳躍，是突變。）其實頓悟亦並無若何神秘可
> 言，只是相應道德本性，直下使吾人純道德的心體毫無隱曲雜
> 染地（無條件地）全部朗現，以引生道德行為之「純亦不已」
> 耳，所謂「沛然莫之能禦」也。「直下使」云云即是頓悟也。
> 普通所謂「該行則行」，即是頓行，此中並無任何周護、曲折
> 與顯慮。一落回護、曲折與顧慮，便喪失其道德之純。當然事
> 實上在行動以前可有一考慮過程，但就這「該行則行」一鈍然
> 道德行為之貫現言，本質上是頓的，此處並無漸磨漸修之可
> 言。在該行則行中，吾即覺到此是義心之不容已，全體言之，
> 此是本心之不容已，此覺亦是頓，此處亦並無漸之過程之可
> 言。覺到如此即是如此耳，並無所謂慢慢覺到，亦無所謂一步
> 一步覺到。一、覺到本心之不容已，便毫無隱曲地讓其不容
> 已；二、本心之純，是一純全純，並不是一點一點地讓它純；
> 三、本心只是一本心，並不是慢慢集成一個本心。合此三層而
> 觀之，便是頓懾之意。此便是「就本心性體之朗現以言大定」
> 之積極的工夫。亦即直下覺到本心之不容已便即承之而行耳，
> 此即為頓悟以成行。蓋只是承健起用之道德之純而已耳。[7]

案：這裡牟先生對頓悟之疏解亦很詳盡，故不再勞煩分疏。這裡

7　牟宗三：《心體與性體（二）》，《牟宗三全集》，第6冊，頁254。

所說的頓悟其實合適內在的體證以及超越的體證。下面再詳述兩種逆覺而來的頓悟。

一 內在體證到龍溪「四無」頓悟

從「內在的體證」一面來說，本心是在欲望之中逆反而覺悟到的，故本心還是被限制的本心。如海底湧紅輪，一開是紅輪只是顯露一點點。故本心並不是不能自已的、毫無隱曲的朗現的。原因這裡還有欲望的阻礙，所以本心常常伴隨的是消極、否定之情，如是非之心、羞惡之心。而逆覺到的本心必須要一步步做「致良知之工夫」，化除意欲，最終完全朗現此心體，方能真正到家之悟。而完全朗現此心體，即是頓悟。從內在的體證而來的頓悟其所代表的即是龍溪的「四無」。故牟先生又言：

> 是故王龍溪云：「無心之心則藏密，無意之意則應圓，無知之知則體寂，無物之物則用神。」……是故若從意之所在說物，便須步步對治，心意知物亦須分別彰顯，即各別地予以省察與反照（對意與物言曰省察，對心與知言曰反照），如是，吾人之心境自然落於有中，不能一體而化。此即四句教之所以為有也。若從明覺之感應說物，則良知明覺是心之本體，明覺感應自無不順適；意從知起，自無善惡之兩歧；物循良知之天理而現，自無正與不正之駁雜。如是，明覺無所對治，心意知物一體而化，一切皆是如如呈現。明覺無知無不知，無任何相可著，此即所謂四無，四無實即一無。此兩種方式，若從解說上說，前者是經驗的方式，後者是超越的方式。若從工夫上說，前者是從後天入手，對治之標準是先天的，此是漸教；後者是從先天入手，無所對治，此則必須頓悟，蓋無有可以容漸之

處。依前者之方式作工夫，則致久純熟，私欲淨盡，亦可至四無之境，此即所謂「即工夫便是本體」。（此所謂「便是」，若在對治過程中，則永遠是部份地「便是」，而且永遠是在有相中的「便是」。必須無所對治時，才是全體「便是」，才是無相地「便是」，而此時工夫亦無工夫相。）依後者之方式作工夫，則直悟本體，一悟全悟，良知本體一時頓現，其所感應之事與物亦一時全現，此即所謂圓頓之教（頓必含著圓，圓必含著頓），亦即所謂「即本體便是工夫」，而本體亦無本體相，工夫亦無工夫相，只是一於穆不已純亦不已也。[8]

案：這是「內在體證」而來的頓悟，以龍溪為代表。這裡牟先生已經說得極為清楚，無須再詳細做疏解。這裡再重述一下內在體證與頓悟的不同。內在體證的本心必然是先從意欲之洪流之中逆反而見，故其顯現的只是心發露的一角，而不是全體，而頓悟是本心全體朗現；其次，內在體證到的心與具體之事事物物還是對立的，並不能與感應的事物一時全現，故心還是抽象懸置起來的，當然這裡的抽象並非是西方那種「共相」的抽象。而頓悟是「良知本體一時頓現，其所感應之事與物亦一時全現」。

二　從超越體證到「光風霽月」之頓悟

而超越的體證一面來說，雖然可以直接領悟到「天」與「性」之奧祕，體現天地而來的道德莊嚴感，有一種由天而來對人的一種絕對的命令。但是這種道德的莊嚴感亦要內在化為心體，由心體來形著出來，方能落實。否則，一方面性天之莊嚴性保留，另一方面心只是氣

8　牟宗三：《從陸象山到劉蕺山》，《牟宗三全集》，第8冊，頁225。

之靈，此即落到程頤、朱子之路上去。這容易導致一種他律的道德，形成性天對人一面的壓迫，這即導致後來所謂「以理殺人」的弊端。

故這裡亦需要一種頓悟。牟先生說：

> 劉蕺山云：「性本天者也」。「天非人不盡，性非心不體。」盡者充盡而實現之之謂，體者體驗體現而體證之之謂。「天非人不盡」者，意即天若離開人能即無以充盡而實現之者。「性非心不體」者，意即性體若離開心體即無以體驗體現而體證之者。……
>
> 外心言性，非徒病在性，並病在心。心與性兩病，而吾道始為天下裂。……
>
> 向之妄意以為性者，孰知即此心是；而其共指以為心者，非心也，氣血之屬也。向也，以氣血為心，幾至仇視其心而不可邇；今也，以性為心，又以非心者分之為血氣之屬，而心之體乃見其至尊而無以尚，且如是其潔淨精微，純粹至善，而一物莫之或攖也。唯其至尊而無以尚也，故天高地下，萬物散殊，惟心之所位置，而不見其跡。惟其潔淨精微，純粹至善，而一物莫之或攖也，故大人與天地合德，日月合明，四時合序，鬼神合吉凶，惟心之所統體，而不尸其能。此良知之鈇也。然而不能不囿於氣血之中，而其為幾希之著察有時而薄蝕焉。[9]

案：由於性天一面本有「沖漠無朕，萬象森然已備」之一體之義。「上天之載，無聲無臭」本已含「體物而不可遺」一面。這是「內在的體證」所不同的，內在的體證必要頓悟，本心徹底朗現方能

9　牟宗三：《從陸象山到劉蕺山》，《牟宗三全集》，第8冊，頁404-405。

有「體物不可遺」一面。而超越的體證一開始即有這一面，然而由於
人未能由本心徹至性體一面。心如只是「血氣之屬」，性體亦容易外
在化，成為一種外在的道德強制。此即走向朱子以及程頤之思路。故
這裡亦有一種頓悟。即以性為心，而心之體「乃見其至尊而無以尚，
且如是其潔淨精微，純粹至善，……故大人與天地合德，日月合明，
四時合序，鬼神合吉凶。」這裡同樣有萬物為一體，納普遍於具體之
中，也有牟先生所言的頓悟在其中。

內在體證到頓悟是心體的擴充，而超越體證到頓悟是性體之內在
化。心體的擴充最終即為萬物為一體，而性體與天一面，本即有生化
一體之義理，而亦要內化為心，凝聚為心，方能貞定，否則即容易成
為一種「光景」，此即成白沙所言的：「曾點些兒活計，被孟子打併出
來，便都是鳶飛魚躍。若無孟子工夫，驟而語之以曾點見趣，一似說
夢！」（《明儒學案》卷五〈白沙學案〉）

以上是兩種頓悟不一樣的地方。同樣，超越的體證還是隔離的體
證，頓悟心體後，必要回復到日常生活之中。故牟先生又言：

> 若說在喜怒哀樂未發之靜時所體認之大本中體只是大本中體之
> 自身，尚未見其成用，此即是大本之靜時，大本之未發，此亦
> 不然。蓋所謂靜中所體認之大本中體只是大本中體之自身，尚
> 未見其成用，此義只是大本中體之在其自己，大本中體之在抽
> 象狀態中，是因吾人之靜觀反照而將大本中體從經驗流變中提
> 出來而投置於此以突顯而默想（體認）其自己，此即是大本中
> 體之在其自己，亦是其在抽象狀態中。此只表示大本中體尚未
> 得其具體而真實義。若停滯於此，即是後來所謂「光景」……
> 大本中體之在其自己而為抽象狀態只是道德實踐之一關（截斷
> 眾流）。欲使其成為具體而真實的大本，則必須再歸於日常生
> 活而體現之，此即所謂踐形，睟面盎背，以道徇身，亦即喜怒

哀樂發而中節之和也。此是納普遍於特殊，融特殊於普遍。普遍者（大本中體）非抽象，非光景，即在特殊（喜怒哀樂）中作具體的呈現。而特殊者亦非只感性之激發與流蕩，盲爽與發狂，而是潤澤於普遍中有體以主宰而貞定之。有體主宰而貞定之，則雖特殊而亦有普遍之意義。此為中體融於事變以為事變之體，事變攝於中體以為中體之用，體用圓融而為一本之流行。然而事變乃至其成為用非中體之動與發而來也。中體亦非事變之潛隱而未來者。自大本中體而言之體用圓融、體用無間、體用不二，不可以如此講也。[10]

　　案：「中體融於事變以為事變之體」、「事變攝於中體以為中體之用」、「體用圓融而為一本之流行」，凡此種種，這裡即可以將超越體證一面的「頓悟」之義透脫的展現出來。牟先生所說的亦極為清楚，不再詳細展開。此一工夫之進路以濂溪、延平、蕺山為代表。蓋其從一種嚴毅清苦、退藏微密之妙、從深根寧極中證入，當其達至體用圓融之境，即讓人有「光風霽月」之感。〔宋〕黃庭堅《豫章集》〈濂溪詩序〉：「舂陵周茂叔，人品甚高，胸懷灑落，如光風霽月。」而黃梨洲稱其師蕺山為「從嚴毅清苦之中，發為光風霽月」，延平亦有「灑然凍解冰、冰壺秋月」之感。光風：雨後初晴時的風；霽：雨雪停止。而此路工夫剛好是如此，一開始淒風苦雨、風雪漫天，極為緊湊，爾後雨過天清，月出當空，風輕雲談，讓人有清朗，灑落、瑩徹無暇之感。

---

10 牟宗三：《心體與性體（三）》，《牟宗三全集》（臺北市：聯經出版事業公司，2003年），第7冊，頁115。

三　兩種進路的頓悟的偏差

　　從內在的體證與外在的體證分別都有一種頓悟。兩種工夫進路形成一個回環，各有利弊，相互可以補救其不足。從內在體證一面的工夫進路，即容易導致「誤認情識為良知」，「蕩之以玄虛」。故牟先生在《從陸象山到劉蕺山》言：

> 劉蕺山之學乃乘王學之流弊而起者。其言王學之弊云：「今天下爭言良知矣。及其弊也，猖狂者參之以情識，而一是皆良；超潔者蕩之以玄虛，而夷良於賊。」(《劉子全書》卷六，〈證學雜解〉解二十五。) 此數語，吾前曾屢引過，並謂此是人病，非法病。但何以王學偏有此人病？蓋王學者顯教也。凡心學皆顯教。
>
> ……
>
> 所謂「即於人倫日用，隨機流行，而一現全現」，其一現全現者豈真是良知之天理乎？得無情識之雜乎？混情識為良知而不自覺者多矣。此即所謂「猖狂者參之以情識，而一是皆良」也。此流弊大體見之於泰州派。至於專講那圓而神以為本體，而不知切於人倫日用，通過篤行，以成己成物，則乃所謂「超潔者蕩之以玄虛，而夷良於賊」也。此流弊大抵是順王龍溪而來。[11]

而由超越的體證而來的頓悟亦同樣有其弊端，其心體一面並不顯豁也，故即便蕺山於孟子學亦無真正實得，如其批判陽明之致良知，其言：

11　牟宗三：《從陸象山到劉蕺山》，《牟宗三全集》，第8冊，頁336。

「有善有惡意之動，知善知惡知之良」，二語決不能相入，則知與意分明是兩事矣。將意先動而知隨之耶？抑知先主而意繼之耶？如意先動而知隨之，則知落後著，不得為良。如知先主而意繼之，則離照之下安得更留鬼魅？若或驅意於心之外，獨以知與心，則法唯有除意，不當誠意矣。且自來經傳無有以意為心外者。求其說而不得，無乃即知即意乎？果即知即意，則知良意亦良，更不待言。[12]

　　這裡蕺山非要疑難陽明之良知，蓋其心體一面未能朗然。故牟先生批判蕺山：「案：四有句是良知教全部系統之濃縮，有何割裂可言？……良知是孟子所言，孟子亦不究竟耶？此足見蕺山於《孟子》並無實得。」[13]為何如此？蓋慎獨一路下來之獨體是「隱乎」、「微乎」之中見，這亦可以說是「意根最微，誠體本天」之意，其一開始即由天命而來的莊嚴感。而良知是我們當下逆覺發用的心體，蓋此心體與天、性即有距離，如錢穆先生即有「孝悌如何把通天道」之疑問。當然這種距離是暫時的，良知內在即有「性天」之根據，當其全部朗現的時候，亦恢復其性天之面向。由於蕺山對孟子學無實得，對心體一面並無真切之證悟，並無知道良知內在之超越性，故其必要將良知之知收歸與「意」上去。

第三節　頓悟與仁心[14]

　　既然從心體一面之頓悟以及性體一面之頓悟皆有偏差，那麼我們

---

12 牟宗三：《從陸象山到劉蕺山》，《牟宗三全集》，第8冊，頁374。
13 牟宗三：《從陸象山到劉蕺山》，《牟宗三全集》，第8冊，頁374。
14 由於本文是展示近溪之學，故只討論頓悟與仁心之關係。如頓悟與「誠體」即不作討論，然而筆者所體證，誠體應當亦是頓悟義理所蘊含的。

即可以發問，是否有一種頓悟，使得心、性兩面皆可以飽滿、充盈、無偏的呢？儒學史上是否有這一種「頓悟」呢？筆者認為是有的，這就是對「仁心」之頓悟。

一　仁心為「心」、「性」兩面皆飽滿之頓悟

何以這樣，原因仁心即是徹上徹下的。牟先生即言：

> 故吾常說仁有二特性：「一曰覺，二曰健。」又言：「此仁心即
> 是吾人不安、不忍、憤悱、不容已之本心，觸之即動、動之即
> 覺、活潑潑地之本心，亦即吾人之真實生命。此仁心是遍潤遍
> 攝一切，而與物無對，且有絕對普遍性之本體，亦是道德創造
> 之真幾，故亦曰「仁體」。言至此，仁心、仁體即與「維天之
> 命，於穆不已」之天命流行之體合而為一。天命於穆不已是客
> 觀而超越地言之；仁心仁體則由當下不安、不忍、憤悱、不容
> 已而啟悟，是主觀而內在地言之。主客觀合一，是之謂「一
> 本」。[15]

從心體一面來說，仁心之覺性，有「不安、不忍、憤悱、不容已
之本心，觸之即動、動之即覺、活潑潑地」，故牟先生又言：「至明
道，正式提出『學者須先識仁，仁者渾然與物同體』之義，則仁之提
綱性已十分挺立矣。『只心便是天，盡之便知性，知性便知天，當處
便認取，更不可外求。』則主觀面之心性與天為一之義亦十分挺立而
毫無虛歉矣。」[16]故這裡仁之內在體證一面極為充盈飽滿。故心體未
有如此顯豁者。

---

15 牟宗三：《心體與性體（二）》，《牟宗三全集》，第6冊，頁237。
16 牟宗三：《心體與性體（二）》，《牟宗三全集》，第6冊，頁20。

　　同樣仁體從性、天一面說，本身即是對顯「維天之命，於穆不已」而來的，這裡即是牟先生所言「健」的一面。這裡仁心亦同樣朗現「性、天」之「維天之命，於穆不已」一面。故這裡將《中庸》一句話，作為體證仁心的一個標準，即：「『維天之命，於穆不已。』蓋曰，天之所以為天也。『於乎不顯，文王之德之純。』蓋曰，文王之所以為文也。純亦不已。」

　　明道言：

> 佛言前後斷，「純亦不已」是也。彼安知此哉？子在川上曰：「逝者如斯夫，不舍晝夜！」自漢以來儒者皆不識此義。此見聖人之心純亦不已也。《詩》曰：維天之命，於穆不已。蓋曰天之所以天也。於乎不顯，文王之德之純。蓋曰文王之所以為文也，純亦不已。此乃天德也。有天德，便可語王道。其要只在慎獨。[17]

　　案：聖人之心純亦不已，此即仁心。明道在這裡亦可以說慎獨，這裡的慎獨即收攝於仁心之中，這樣仁心展示性體一面亦未有減弱。蓋其天命之於穆不已，內化人進德之純亦不已。這裡仁心即顯積極一面，即君子之自強不息。而「純亦不已」之仁心剛好與「於穆不已」之天為一。而這裡心、性兩面都可以充盈飽滿的展開。只有仁心真正可以「範圍天地之化而不過，曲成萬物而不遺。」而獨體，良知皆有過與不及，不能真正可以曲成萬物也。何以不能做到？明道這裡所言的「慎獨」與《中庸》而來「慎獨」還是有一些微小的差別。《中庸》而來的「戒慎、恐懼、莫見乎隱，莫顯乎微」之慎獨對人有極為嚴格的一面，所謂「十目所視，十手所指，其嚴乎」。蓋獨體更多顯

17 牟宗三：《心體與性體（二）》，《牟宗三全集》，第6冊，頁123。

現的是天對人一面的強制，故對人有一種「莊嚴」感，而「慎獨」而來的獨體對人還是強制一面重，故略顯消極，近乎一種「恐懼」，有一種「肅殺」之意味，可以說是「秋」，樹葉零落。而天地本是「乾道變化，各正性命」，「小德川流，大德敦化」，天地萬物與人一體而化，這裡即是春意盎然，生機勃發，故仁心並無近乎「恐懼」之消極面，而只是「夕惕厲」，這裡更多是純亦不已之積極面。故明道將「獨體」收歸「純亦不已」來說，這裡即消化《中庸》偏向「性體」之莊嚴一面的「獨體」，使得仁心較「獨體」更為內在化，如此仁心這裡心體一面亦甚顯豁、透脫，不似「獨體」那樣收緊。收緊，即顯強制之相，緊張相。即便到了「光風霽月」之境界，亦是雨雪後之緩舒，身心清朗，有「冰壺秋月」之瑩徹，也微有寒意。這裡未能真正可以像明道的「雲淡風輕」、「和風日暖」之「近午天」。這裡心體還有「微涼之意」即不及全體為熙熙之一團「和暖」之舒展。所以獨體而來的化境，人不能真正與天渾化為一，而仁心即全體敦化，天之生意不息完全朗現於仁心之純亦不已。故仁心其能「心」、「性」兩面皆飽滿無偏。

　　所以從「化儀」之教來恆定，儒家之圓教模型即為「仁心」之頓悟。而仁心已經是屬化法之內容。這樣儒家之頓教即有三種，一種是龍溪之「四無」，第二種為《中庸》而來之「慎獨」乃至於「光風霽月」、「凍解冰釋」，第三種為仁心之頓悟。第二種頓悟是以濂溪主靜立人極、龜山至延平門下旨訣、蕺山慎獨學為代表。而第三種以夫子、明道和五峰、近溪為代表。

二　重分牟先生的三系說為四系[18]

　　故這裡重新將牟先生的三系作進一步之細分，將《易傳》、《論語》從各自的所在之系脫離出來，重新組成一系。此系既不是性天一系，如《中庸》者，即是以濂溪、明道後之龜山至延平之「靜坐求中」、以及蕺山為代表。亦不是心體擴充之一系，如《孟子》者，以孟子、象山、陽明到龍溪為代表。而《易傳》、《論語》重組成一系，這即是以心、性兩面皆充盈發展之仁心所展開出來的，故以夫子、明道、五峰、近溪作為代表。[19]

　　這裡以「維天之命，於穆不已；文王之德之純，純亦不已」作為心性都充分飽滿發展之原型。那麼「維天之命，於穆不已」對應的是《易傳》，所謂「天行健」之一面，這裡即是仁心客觀的一面。熊十力先生就易學言「乾元性海」、「大化流行」、「翕辟成變」等語亦多矣，而到底不過就是相應於易學所言之「生化不息」，此即是「維天之命，於穆不已」所對應者。而「文王之德之純，純亦不已」對應的即是《論語》。故牟先生亦言：「孔子之學不厭，教不倦，亦不過是真實生命之憤悱之『不容已』。此亦即真實生命之『純亦不已』也。」[20]

　　《中庸》是莊嚴肅穆，保留天之絕對命令，《易傳》是俊逸圓熟，更多是天之「健行不息」，當然天之健行不息可以通向莊嚴肅穆，故濂溪即以《中庸》釋《易傳》。然而他們畢竟有細微差別。我們看《論語》、《孟子》，總覺得夫子是一團和氣之象，而孟子可謂泰山岩岩氣象，所謂壁立千仞，能者從之。此中總有一點不同，這種不同在那裡？故《中庸》與《易傳》、《論語》與《孟子》都可以從義理

18　為保持本章討論判教義理的完整性，只是簡略一說，詳細內容將在其他著作作專門論述。
19　近溪即歸宗於仁，其是否以圓教為代表？後文詳述。
20　牟宗三：《心體與性體（二）》，《牟宗三全集》，第6冊，頁235。

上再作進一步區分。也就是《易傳》體現的是仁心客觀性天一面，《論語》體現的是仁心主觀內在的一面，兩者代表儒家圓教之模型。故夫子「以仁發明斯道」之後，隨之有子思之《中庸》，一如明道之後有龜山至延平之「靜坐求中」。而顏子壽不永，故「仁心」並無善繼者，而明道後有上蔡至五峰。故這樣先秦之典籍即可以分為三。《中庸》代表一系，此係或者「仁心」之「於穆不已」稍偏向性天一面而來的。而《孟子》發展夫子之《論語》將仁心展現的一團和氣之圓融之象，稍偏向心學一面，故象山言：「夫子以仁發明斯道，其言無罅縫。孟子十字打開，更無隱遁，蓋時不同也。」十字打開，亦是適應世運之需要，然而於仁心畢竟有偏。而同樣濂溪以《中庸》釋《易傳》亦將《易傳》導向稍稍性體一面。

　　這裡深層疏解各種「悟」之特色，即可以見到夫子所言仁並非無因，此為其證悟踐履所徹至化境、心性飽滿而必然所歸宗者。明道以及五峰之學，亦以仁為宗。此即牟先生所言的，其為《易傳》、《中庸》一系回歸《論語》、《孟子》，兩系充盈發展而必然徹至者。

三　近溪歸宗於仁之定位──心學一系而徹至圓教者

　　到這裡，我們要問，從《孟子》學發展，是否有可以最終歸宗於「仁」？也就是回到圓教之模型？也就是說，陽明學後是否有學者以仁為歸宗？我們從儒學史上看，這就是羅近溪。牟先生曾言：「而羅近溪則更為清新俊逸、通透圓熟。其所以能如此，一因本泰州派之傳統風格，二因特重光景之拆穿，三因歸宗於仁，知體與仁全然是一，以言生化與萬物一體。」[21] 蓋近溪之學亦以仁為歸宗。而我們從上面對覺悟的種種情形做疏解，那麼即可以見道近溪言仁，並非無因。

21　牟宗三：《從陸象山到劉蕺山》，《牟宗三全集》，第8冊，頁241。

故，這裡即可以在儒學史上定位羅近溪之學問，蓋其為陽明心學所發展而至圓教模型者。相對於明道、五峰之學，其為「性」學所發展而至圓教模型者。故牟先生又言：「此即足以示羅近溪之特殊風格當從拆穿光景說，不當從其歸宗於仁，言生化與一體說也。此後者明道早已盡之矣。」[22]這樣，亦可以知道近溪為何歸宗於仁，其與明道歸宗於仁當然有很多相似之處，所謂明道早已盡之。然而亦有不同的地方，不同即是近溪是由陽明心學，尤其泰州學派所逼至這裡的。原因陽明學一面言心體，泰州學派又專言「一體而化」之境。黃宗羲言：

> 白沙云：「色色信他本來，何用爾腳勞手攘？舞雩三三兩兩，正在勿忘勿助之間。曾點些兒活計，被孟子打併出來，便都是鳶飛魚躍。若無孟子工夫，驟而語之以曾點見趣，一似說夢！」〔案：此是陳白沙〈與林緝熙〉書中之語。〕蓋自夫子川上一歎，已將天理流行之體一口併出。曾點見之而為暮春，康節見之而為元會運世。故言學不至於樂，不可謂之學。至明而為白沙之藤蓑，心齋父子之提唱，是皆有味乎其言之。然而此處最難理會。稍差便入狂蕩一路。所以朱子言曾點不可學；明道說康節豪傑之士，根本不貼地；白沙亦有「說夢」之戒。細詳先生之學未免猶在光景作活計也。（黃宗羲《明儒學案》〈泰州學案〉，「論王東崖處」。）

　　鳶飛魚躍、川上一歎、天理流行，此皆為「維天之命，於穆不已」之一面。而必要孟子之工夫，也就是必要回歸心學之一面。而近溪不期然承擔這種責任。故近溪在陽明以及泰州學派兩者之後，終於將「天理流行」與「孟子之本心」打併為一，「破除光景」，此即仁心貫徹上下。

---

22 牟宗三：《從陸象山到劉蕺山》，《牟宗三全集》，第8冊，頁241。

　　下文再引近溪之語錄作進一步的說明。從近溪對仁之體證，可見其覺悟之特色，同時可見其對仁之證悟極深。這樣可以從判教的角度通盤考察近溪在儒學上的角色，同樣可以在儒學史上給予其恰當的地位。

四　近溪學之覺悟與仁

　　仁心並非就是逆顯而成的抽象之體，而是具體滲潤於事事物物之體，這在牟先生即說仁心感通無隔。牟先生言逆覺之特點曾言：「既曰逆覺體證，即是單認體自己。此是體即在抽象狀態中。……而在中國以前，則名曰『光景』，意即這只是具體而真實的體之影子，因著隔離、逆覺，而把它停在那裡而成者。」[23]但是仁心並非這樣，如見孺子入井有惻隱之心。這個惻隱之心即感通於孺子的，與孺子為一體的。近溪體證之仁，即可以充分的展露這一點：

> 問：「學者將天地萬物一體處理會得明盡，則仁便可識，其功是否？」
> 羅子曰：「程子欲人先識者，識此仁也。仁者天之生德，活潑潑地，昭著心目，苟一加察即真機見前，仁識而天地萬物自在其中矣。如入井一段既是怵惕惻隱，則我與孺子原如手之捄足、唇之護舌，又焉有二體哉？若先行理會方可言仁，則孺子之救，途人同之，非惟不必理會，而亦不暇理會矣。」[24]

　　案：這裡即見仁心之證悟並非僅僅是逆覺之證悟。這就是「仁心」的特別之處，其與良知之逆覺體證並不一樣。牟先生所謂仁的特

---

23 牟宗三：《心體與性體》（上海市：上海古籍出版社，2007年，第2版），頁307。
24 羅汝芳著，李慶龍彙集：《羅近溪先生語錄彙集》，第127條。

點為「感通無隔」，感通無隔並非是一個抽象狀態，而是一種具體的普遍，非抽象的普遍。而良知從經驗之中逆反回來的，如我們因小事與父親爭執，良知呈現，知是知非，這裡良知有一種愧疚之感，這種情感並未有貫通於父親那裡，與其為一體，這裡良知即單認體之自己，此體只是一個單獨的體，抽象之體，停在這裡。這裡要致此良知，改過遷善，心體如如呈現，父慈子孝，這裡方能恢復活活潑潑之仁心。仁心即不一樣，明道言：「醫書言手足痿痺為不仁，此言最善名狀。仁者以天地萬物為一體。莫非己也。」近溪所言的：「既是怵惕惻隱，則我與孺子原如手之捍足、唇之護舌，又焉有二體哉？」這裡即可以明瞭的見到仁心感通孺子之一面，痿痺不仁者即不能如此。近溪這裡的覺悟可以說恰當地將仁心覺之一面，感通無隔之一面表現出來。

　　仁心的覺悟必定蘊含天地萬物為一體，這在牟先生即是「潤物無方」。故明道言：「學者須先識仁。『仁者』渾然與物同體。」而近溪哲學裡面，體證仁心的語錄極多。幾乎都是發揮「萬物為一體」之境界。其言：

　　　羅子曰：「有宋大儒莫過明道，而明道先生入手，則全在學者先須識仁，而識仁之說，則全是體帖萬物皆備於我一章。令學者能於孔門求仁宗旨明瞭，則看孟氏此章之說，其意便活潑難窮矣。蓋天本無心，以生物而為心，心本不生，以靈妙而自生。故天地之間，萬萬其物也，而萬萬之物，莫非天地生物之心之所由生也；天地間之物，萬萬其生也，而萬萬之生，亦莫非天地之心之靈妙所由顯也。謂之曰萬物皆備於我，則我之為我也，固盡品匯之生以為生，亦盡造化之靈以為靈。此無他，蓋其生其靈，渾涵一心，則我之與天原無二體，而物之與我又奚有殊致也哉？是為天地之大德，而實物我之同仁也。反而求

之，則我身之目誠善萬物之色，我身之耳誠善萬物之音，我身之口誠善萬物之味，至於我身之心，誠善萬物之性情也哉！故我身以萬物而為體，萬物以我身而為用。其初也，身不自身，而備物乃所以身其身；其既也，物不徒物，而反身乃所以物其物。是惟不立而身立，則物無不立，是惟不達而身達，則物無不達。蓋其為體也誠一，則其為用也自周。此之謂君子體仁以長人，亦所謂仁人順事而恕施也，豈不易簡！豈非大樂也哉！其有未誠者，事在勉強而已，勉強云者，強求諸其身也，反求諸身者，強識乎萬物之所以皆備焉爾也。果能此道，則雖愚必明，雖柔必強。物我相通之幾既體之，信而無疑，則生化圓融之妙自達之，順而靡滯矣。尚何恕之不可行？又奚仁之不可近也哉？故欲思近仁，惟在強恕，將圖行恕，必務反身，然反身莫強於體物，而體物尤貴於達天，非孔門求仁之至蘊，而軻氏願學之的矩也歟哉？」[25]

這些話頭在近溪哲學裡面極多，然而表述的意蘊亦簡單。整段話不過鋪陳一點意思：「仁」實即「萬物為一體」之境；亦即「萬物皆備於我」也；亦即是「為天地之大德，而實物我之同仁也」；亦即心物為一之境也。此心之仁滲透於萬事萬物之中，與萬事萬物為一也，因而其言：「蓋其生其靈，渾涵一心，則我之與天原無二體，而物之與我又奚有殊致也哉？」其又言：「故天地之間，萬萬其物也，而萬萬之物，莫非天地生物之心之所由生也；天地間之物，萬萬其生也，而萬萬之生，亦莫非天地之心之靈妙所由顯也。」心生萬物者，妙萬物而為言也。可以說近溪之語錄反反覆覆，無非皆表達此意。

而要達到此萬物為一體之仁之境，無非即是覺悟：

25 羅汝芳著，李慶龍彙集：《羅近溪先生語錄彙集》，第210條。

問：「學者將天地萬物一體處理會得明盡，則仁便可識，其功是否？」

羅子曰：「程子欲人先識者，識此仁也。仁者天之生德，活潑潑地，昭著心目，苟一加察即真機見前，仁識而天地萬物自在其中矣。如入井一段既是怵惕惻隱，則我與孺子原如手之捏足、唇之護舌，又焉有二體哉？若先行理會方可言仁，則孺子之救，途人同之，非惟不必理會，而亦不暇理會矣。」[26]

又有：

問：「渾然與物同體，視大易：君子體仁之意，何如？」

羅子曰：「聖賢語仁多矣，最切要者莫逾體之一言。蓋吾身軀殼原止血肉，能視聽而言動者，仁之生機為之體也。推之而天地萬物極廣且繁，亦皆軀殼類也，潛通默運，安知我體之非物，而物體之非我耶？譬則巨釜盛水，眾泡競出，人見其泡之殊，而忘其水之同耳。孺子入井境界，卻是一泡方擊而眾泡咸動，非泡之動也，其釜同水一機，固不能以自已也。」[27]

孺子入井之惻隱之心即仁也。此惻隱之仁心感通潤物，天地萬物皆為仁心所貫通，此即所謂：「一泡方擊而眾泡咸動，非泡之動也，其釜同水一機，固不能以自已也。」眾泡咸動，即萬物與我為一也。一泡之動，亦即明道所言：「學者須先識仁」。「而眾泡咸動」亦即明道緊接著言的「仁者，渾然與物同體。」故，此即覺悟達致「萬物為一體」之境。羅近溪又言：「見是覺處，知常覺暫，覺之現於知，猶

---

26 羅汝芳著，李慶龍彙集：《羅近溪先生語錄彙集》，第127條。
27 羅汝芳著，李慶龍彙集：《羅近溪先生語錄彙集》，第128條。

泡之現於水也，泡莫非水，而現則有時。」[28]可見我們要體仁，要恰當的把握住「仁」，亦只有「覺悟」方可。覺現則有時，也就是我們還需要有一頓悟之機緣。（覺現則有時，也就是我們還需要有一頓悟之機緣。）這與天臺之跡本論同一思理。佛宿世久遠以來即是佛，這即是遠本，而其生命八十餘年示現是近跡。跡即是本，本即是跡。然而需要「開近跡顯遠本」，這即需要喚醒。這也是近溪所言的，也就是需要泡之現於水也。

這裡即可以進一步確定近溪哲學覺悟的含義。近溪的覺悟並非逆覺，而是頓悟。既不同於內在體證而來的頓悟，亦不同於超越體證而來的頓悟。而是心性兩面充盈飽滿之頓悟——此即有人將近溪與明道的哲學同樣歸宗於仁的原因。

第四節　頓悟的兩種不同形態

前面疏述了內在體證而來的頓悟以及超越體證而來的頓悟以及兩面充盈飽滿之仁心頓悟。儒家義理至此幾近展露無遺，而明道、近溪之證悟亦可謂「義精仁熟」，幾近敦化之境地。然而這裡圓教之規模或還有可進之處。儒家前面三種頓悟，差不多是同一種形態的頓悟，也就是都是真心一面（性體而來之頓悟最終亦收歸於心體）之頓悟。然而還有一種頓悟卻不太相同的。也就是說，還有一種將前三種頓悟歸於平平境地之頓悟，也就是頓悟之高大相皆消解，而歸於日常之語默動靜之間之頓悟，所謂「低頭舉手皆成佛道」之頓悟。致此頓教方能真正的完成。

牟先生在《佛性與般若》中言：

---

28 羅汝芳著，李慶龍彙集：《羅近溪先生語錄彙集》，第136條

法無頓漸，人有利鈍。利根人直下頓悟，鈍根人則假方便（如
看心看淨之類）以漸悟。然而惠能門下則是宣揚頓悟成佛的。
頓悟有兩方式：一是超脫了看心、看淨、不動之類的方便，直
下於語默動靜之間而平正地亦詭譎地出之以無念無相無住之
心，這就是佛了。另一亦是超脫了看心、看淨、不動之類的方
便，直下超越地頓悟真心，見性成佛。前一路大體是惠能以及
惠能後的正宗禪法，後一路則大體是神會的精神。此後一路似
猶有一超越的分解。[29]

一　直下超越地頓悟真心與儒家頓悟之衡量

這兩種形態的頓悟亦可以比照儒家的義理做出近似的衡定。

前面所說的儒家的前兩種的頓悟（即內在體證以及超越體證）都
近似於「直下超越地頓悟真心，見性成佛。」然而這一系統必須要預設
一超越的分解，分解以示一超越的真心，故只是別教一乘圓教。何為
超越的分解？即以一超越的真心開生滅以及真如二門，依此真心，通
過一頓教，而至華嚴毗盧遮那佛法身法界緣起之圓滿教。牟先生又言：

> 即依此真心系統，通過一頓教，而至華嚴毗盧遮那佛法身法界
> 緣起之圓滿教，這還仍是別教一乘圓教，非真正了義之圓教。
> 蓋「曲徑紆回，所因處拙」故也。「所因處拙」者謂以唯真心
> 為準的，不能即染成淨，必「緣理斷九」〈緣清淨真如理以斷
> 九法界之無明，因而亦無九法界法，唯只一佛法身法界法〉而
> 後成佛也。「曲徑紆回」者以通過一超越的分解以立真心之隨
> 緣不變統攝一切法，然後經歷劫修行捨染取淨也。此則為「性

29　牟宗三：《佛性與般若（下）》，《牟宗三全集》（臺北市：聯經出版事業公司，2003
年），第4冊，頁1056。

起」系統，非「性具系統」。「隨緣不變，不變隨緣」，真如心
隨緣起現一切法，謂之「性起」，非「一念無明法性心」當下
圓具一切法，故非「性具」。隨緣隨到處可有法起現，隨不到
處則無法起現，是則於一切法之存在無圓足保證也。[30]

案：而佛家這種超越「頓悟真心，見性成佛」剛好與儒家前兩種
頓悟（即內在體證以及超越體證而來的頓悟相似）。故牟先生即以龍
溪之四無比配華嚴之頓，其言：

> 這種漸就好像《起信論》之為漸（案：即陽明之四有教），其函
> 著頓就好像華嚴宗根據《起信論》而進一步就《華嚴經》言圓
> 頓。這樣說，四句教雖是漸，亦含有頓之可能而可通於頓。[31]

而同樣超越的體證亦如此，其先超越的體證「獨體」，是喜怒哀樂
未發之前之氣象。而九法界皆由人之喜怒哀樂所帶出來了，故喜怒哀
樂未發九法界即不能保證，即便其極致亦言「沖漠無朕，萬象森然已
備」，但是不能真正萬象已備。原因兩種逆覺必預設一超越的分解。

但是仁心之頓悟是否同樣如此？上文已經詳述了仁心之不同之
處，也就是說，仁心一開始並未預設一超越的分解，如同大乘《起信
論》系統所言的以一超越的真心開出真如門以及生滅門，亦不同於陽
明四句教所言的先設定一個「無善無惡心之體」然後開出有善有惡意
之動。為何？原因仁心之發動，必定不能自己地感通事物、他人的。
而非先逆覺逆顯一個真心，此真心先停住在這裡，與事物相對。這與
四有句教的良知並不一樣。牟先生言：「逆覺者即逆其汨沒陷溺之流

---

30 牟宗三：《圓善論》，《牟宗三全集》（臺北市：聯經出版事業公司，2003年），第22
　　冊，頁256。

31 牟宗三：《圓善論》，《牟宗三全集》，第22冊，頁276。

而警覺也。警覺是本心自己之震動。本心一有震動即示有一種內在不容已之力量突出來而違反那汩沒陷溺之流而想將之挽回來，故警覺即曰逆覺。」[32] 這裡本心良知從「汩沒陷溺之流」反回來，不隨之往下滾，故這心與「汩沒陷溺之流」即有對立義，亦必然要化除這種意欲隨「汩沒陷溺之流」之執著，方可能將良知完全朗現。故這裡「汩沒陷溺之流」即不能真正能保存住，故必要斷此「汩沒陷溺之流」方能可以成聖成賢。而仁心卻並不相同，這裡的仁心卻有一種「順」「汩沒陷溺之流」之意味，但是不是順著「汩沒陷溺之流」而沉淪，而是仁心感通於「汩沒陷溺之流」，與其為一體，這裡「順」而「不順」。「順」而「不順」，此即不斷而斷。此中有極為微妙之義理，試舉一例，如某人過天橋，見一位手腳四足完全的健康之人在乞討，良知呈現之人，即可能生發出一種強烈是非之心，認為這種行為之錯誤，故致良知即可能上前嚴厲批評、阻止；而仁心朗現之人，即生發出一種悲憫之情，體會天地生人之遺憾之處，此情可以感通於此位乞討之人，以其為一體，這裡即可以有更設身處地的為其著想之想法，故仁心這裡並不需要先從乞討之人這裡對顯、反顯而出現，而是「順」顯而現。故程子有言：「孟子，泰山巖巖之氣象。觀其言皆可以見之矣。仲尼無跡，顏子微有跡，孟子其跡著。」（《二程全書》《遺書卷五》〈二先生語五〉。〔未注明誰語。〕）又言：「孟子卻寬舒，只是中間有些英氣。稍有英氣，便有圭角。英氣甚害事。如顏子便渾厚不同。顏子去聖人只毫髮之間。孟子大賢，亞聖之次也。」（《二程全書》《遺書卷十八》〈伊川先生語四〉）泰山巖巖，有英氣、圭角，對他人即容易是一種威脅，即容易拒人千里之外。而仁心「順」而不「順」之顯現即不一樣，這裡即可以將九法界帶入，逆即不能將九法界帶入。這裡亦可以從悲願一面來說，佛家要悲願之帶入，悲願大，

32　牟宗三：《從陸象山到劉蕺山》，《牟宗三全集》，第8冊，頁138。

不捨眾生，而極致圓滿之佛性即是具無量數之佛法而為佛性（即九法界而成佛）。而儒家之悲願全在仁心之範域之下，無一法可以遺漏。

　　故仁心並不是先作一超越的分解，然而這亦與「一念無明法性心」並不一樣。[33]佛家之極致十法界，並未有正面顯現「道德界」。此由於儒家正面從仁心立教，而佛家從人生反面、負面之意識說起有關[34]。而從仁心這種「順」而「不順」，那麼即可以逼顯出另一種頓悟。

二　詭譎之頓悟與近溪之覺悟

　　這裡用詭譎之頓悟表達牟先生所言的另一種頓悟，即是：「直下於語默動靜之間而平正地亦詭譎地出之以無念無相無住之心，這就是佛了。」

　　所謂語默動靜之間，即牟先生所言天臺的原初洞見：

> 此洞見為何？曰：即「低頭舉手皆成佛道」中所隱含之「即」字是也。「低頭舉手，著法之眾，皆成佛道，更無非佛道因。佛道既成，哪得猶有非佛之果？散善微因，今皆開決，悉是圓因。何況二乘行？何況菩薩行？無不皆是妙因果也。」【編校案：此段引文出自〈法華玄義〉〈卷第九下〉，見《大正藏》33，795下-6上。】此即是圓佛之圓因圓果。若必隔斷了此凡夫或小機之任一行，以為成佛必別是一套作法，則佛終不得成，即有所成，亦不是圓佛，蓋其因不圓，故果亦不圓也。是則成佛必即於凡夫、二乘、菩薩之任一行而成佛，擴大之，必即於九法界（六道眾生加聲聞緣覺與菩薩）之任一法而成佛。

---

33 仁心之不分解與一念無明法性心之不分解並不一樣。這都涉及儒家與佛家義理的進一步判教問題，留待他文再做詳述。

34 這裡涉及儒家與佛家的整體判教，留待他文做詳述。

誰即誰？首先便是成佛必即於九法界之任何一法而成佛，此即佛之即眾生而為佛也。[35]

而近溪之哲學言此語默動靜多矣，其語錄即有言：「所以抬頭舉目，渾全只是知體著見，啟口容聲，纖悉盡是知體發揮，更無幫湊，更無假借。[36]」抬頭舉目即知體著見，啟口容聲，纖悉盡是知體發揮。這裡有即字。這與「散善微因，今皆開決，悉是圓因。何況二乘行？何況菩薩行？」同樣，抬頭舉目、啟口容聲皆是仁心之發見，何況其他？這裡抬頭舉目、啟口容聲即於仁心，由「抬頭舉目、啟口容聲」而平正詭譎出之以仁心。成聖必然即一切法而成。

故原初的洞見即蘊含著詭譎的相即。這裡即有「不斷斷」之工夫。近溪表達此境地的語錄亦非常多，而最有名的語錄即是：

> 予曰：「童子現在，請君問他心中，有此光景否？若無此光景，則分明與此君兩樣矣。」
> 曰：「此君果差，不識先生心中工夫，卻是何如？」
> 羅子曰：「我的心，也無個中，也無個外；所用工夫，也不在心中，也不在心外。只說童子獻茶來時，隨眾起而受之，已而從容啜畢，童子來接時，又隨眾付而與之。君必以心相求，則此無非是心；以工夫相求，則此無非是工夫；若以聖賢格言相求，則此亦可說：動靜不失其時，而其道光明也。」[37]

隨眾起而受之，隨眾付而與之，此即是心。也就是仁心與我們日常一切起居飲食、砍柴挑水相即，身心之一切行為與仁心相即。此亦

---

35 牟宗三：《佛性與般若下》，《牟宗三全集》（臺北市：聯經出版事業公司，2003年），第4冊，頁600。

36 羅汝芳著，李慶龍彙集：《羅近溪先生語錄彙集》，第214條。

37 羅汝芳著，李慶龍彙集：《羅近溪先生語錄彙集》，第255條。

五峰所言的：「天理人欲同體而異用，同行而異情。」

故牟先生在此疏解道：

> 天理人欲同體而異用，同行而異情。進修君子，宜深別焉。
> 案：此段乃胡五峰警策之語，其根據是在首段：「道充乎身，
> 塞乎天地，而拘於墟者不見其大；存乎飲食男女之事，而溺於
> 流者不知其精。」同一「飲食男女之事」，「溺於流」者，謂之
> 「人欲」，不溺於流者，謂之「天理」。此即所謂「天理人欲同
> 體而異用，同行而異情」。「同體」者「同一事體」之謂，非同
> 一本髓也。「異用」是異其表現之用，非體用之用。「同行而異
> 情」與上句為同意語。「同行」者，同一事行也。「異情」者，
> 異其情也。[38]

而牟先生即在這裡作為儒家最後的圓教：

> 若真依天臺「一念三千，不斷斷，三道即三德」之方式而判，
> 則四有句為別教，四無句為別教一乘圓教，而真正圓教（所謂
> 同教一乘關教）則似當依胡五峰「天理人欲同體而異用，同行
> 而異情」之模式而立。同一「一念無明法性心」之三千法體不
> 變，而「三千在理同名無明，三千果成咸稱常樂」。同一世間
> 一切事，概括之亦可說同一心意知物之事，若念念執著，即是
> 人欲：心不正，只是忿愾、恐懼、好樂、憂患之私心；意不
> 誠，只是肉欺欺人之私意；知只是識知，非智知；物只是現象
> 之物（有正不正並存物相之物），非無物之物。若能通化，即
> 是天理：心為無心之心，意為無意之意，知為無知之知，物為

---

38 牟宗三：《心體與性體》，《牟宗三全集》，第6冊，頁471。

無物之物。此如色心不二，煩惱心遍即是生死色遍，此即是人欲；若能通化自在，以其悟應萬事而無情，以其心普萬物而無心，則即是天理。飲食男女之事不變，視聽言動之事不變，然「形色天性（生）也，唯聖人為能踐形」。能踐形，則統是天理；不能踐形，則統是人欲。法體不變，「世間相常住」（《法華經》語），無一法可廢，只爭順理不順理耳，所謂「除病不除法」（《維摩詰經》語）也。[39]

而經上面之疏解，近溪之學亦有這種「詭譎之頓悟」，也就是在直下於語默動靜之間而平正地亦詭譎地出之以仁心（而非佛家的無念無相無住之心）。蓋這裡與頓悟「仁心」稍有不同，頓悟仁心者，真心意味比較強烈，此近似於「超越的直下頓悟真心」，然而頓悟仁心亦有不同之處，上文已經疏理。而「詭譎之頓悟」即從我們事體一面詭譎平正的出之仁心，而非先「頓悟真心」，或者明道所言的「學者須先識仁」。故頓悟仁心可以看作「超越直下頓悟真心」以及「詭譎的頓悟真心」之間的一種頓悟，是兩者之間的過渡者。至「詭譎之頓悟」處，仁心突起的高大相亦消解於平平之境，這是真正之圓教，這裡仁心與事體相即。故明道之仁學傳至上蔡，到五峰，終於說出：「天理人欲同體而異用，同行而異情」。此亦近溪陽明學經泰州學派，歸宗於仁，而最終說出：「所以抬頭舉目，渾全只是知體著見，啟口容聲，纖悉盡是知體發揮，更無幫湊，更無假借。」兩者皆有異曲同工之妙。

通過對覺悟的詳盡梳理，那麼我們可以擴展天臺的化儀四教之頓教為「漸悟與頓悟」，而漸悟可分為「內在證悟」以及「外在證悟」。而頓悟又可分為超越之頓悟以及詭譎的頓悟。而超越的頓悟又分為三

39　牟宗三：《圓善論》，《牟宗三全集》，第22冊，頁315。

種，即心體之頓悟、性體之頓悟，還有仁心之頓悟。而各種悟都有體證上面的差別。而且各種悟層層遞進，而最後詭譎之悟庶乎為圓教之境。

儒學史上，我們會說夫子、明道、五峰、近溪皆以仁為宗。至少在牟先生的疏解上即如此也，究竟為何會這樣？其中必有深層義理之相同之處，而非偶然如此也。經過上面層層之區分，即可以見到原來四者皆是心性兩面充盈飽滿而徹至者。而明道是性體一面而來之圓滿，而近溪是心體一面而來的圓滿。這樣近溪之學問即有其獨立意義。這個意義不僅僅是破光景，破光景當然亦是近溪最重要之特色。然而近溪學還有儒學自身內在發展之一環，無這一環，儒學史即非圓滿的。我想這並不會違背牟先生的梳理，可以見到牟先生義理可說而並未說出者，亦可以進一步說明近溪學之特異之處。而為何五峰消化仁之後，會說出「天理人欲同體而異用，同行而異情」這種圓融之話頭？又近溪學為何會說出：「所以抬頭舉目，渾全只是知體著見，啟口容聲，纖悉盡是知體發揮，更無幫湊，更無假借。」這裡皆有其義理發展之必然者。而經過頓悟兩種形態的梳理，確定仁心之特點，那麼我們即可以見到仁心之極致發展，最終必定要回歸平平之證悟，那麼詭譎的頓悟即呼之欲出。如此，所有義理皆可以納入儒學心性之學的自身內在發展的理路而察看。他們的學問都是心性學有機發展的一種義理的必然。也就是說，近溪如果在當時不會出現，那麼在儒學漫長發展史上，其必定會有相似近溪義理之人出現。如此，他們的學問皆可以給以恰當的安排和定位，儒家之判教亦可以真正完成。

故這裡雖說是從化儀之教作為一個基點來考察近溪之哲學，實際已經將各家義理納入做整體之衡量。故雖說是化儀之教，其實亦必定涉及化法之教，即各家教法之內容。蓋化儀與化法本不分離，化儀即是化法之化儀，同樣化法亦必定化儀之化法。故，本章既是近溪學之中覺悟之疏解，同樣亦是對儒學一種判教式的梳理。

第四章
「破光景」之工夫與「覺」

第一節　「光景」之造成

　　自陽明揭「良知」之宗旨以來，人人皆要在心上體證此良知。然而陽明言其「良知」是千死百難之中得來的，可見要真切的把捉住良知而貞定並非容易之事。常人沒有「真切之工夫」支持，即有「誤認情識為良知」之謬誤。把捉一個「似是而非」之「情識」，一念耿耿，此即為光景之造成也。牟先生在這裡說到：「良知自須在日用間流行，但若無真切工夫以支持之，則此流行只是一種光景，此是光景之廣義；而若不能使良知真實地具體地流行於日用之間，而只懸空地去描畫它如何如何，則良知本身亦成了光景，此是光景之狹義。」[1]我在這裡可以說廣義之光景即是脫離主觀一面人之知而懸空的去猜度客觀一面的天之知。天之知即天命流行，無真切之工夫以支持即其主觀一面的人之知未有在踐履之中達致與天之知為一之境地，實即人之知未有妙合天之知也。踐履未達致，天之知只是一懸空之想法，或成一知解的對象或成一玩賞之對象。而狹義的知恰恰相反，就是人只停留於主觀之知而未頓悟而達致具體的無限意義的天之知。主觀之知不能妙合天之知，此主觀之知即不能客觀化，那麼眾人即容易誤認情識為良知；或把捉一個心體而自足，此即一念耿耿，以此為悟道證道，不再作篤實的踐履之工夫，此狹義的光景亦由此而成。所以歸根結柢，其實亦不過是「道德的本心」未能與「形而上宇宙的心」頓而為

1　牟宗三：《從陸象山到劉蕺山》，《牟宗三全集》，第8冊，頁237。

一。試舉例如下：

> 會中一友用工，每坐便閉目觀心。
>
> 予（羅子）恐其門路或差也，乃問之曰：「君今相對，見得心中何如？」
>
> 曰：「炯炯然也，但常恐不能保守，奈何？」
>
> 予曰：「且莫論保守，只恐或未是爾。」
>
> 曰：「此處更無虛假，安得不是？且大眾俱在此坐，而心中炯炯，至此未之有改也。」
>
> 予曰：「可知炯炯有個落處。」
>
> 其友頗有不豫。[2]
>
> ……
>
> 予感之，乃徐徐請曰：「君才敘美先人，安慰小子。自我觀之，盡是明覺不爽，何必以炯炯在心為也？況聖賢之學，本之赤子之心，以為根源，又徵諸庶人之心，以為日用。君才言常時是合得，若坐下心中炯炯，卻赤子原未帶來，而與大眾亦不一般也？」
>
> 其友顏色少解，但猶曰：「此段工夫得力已久，至此難教棄去。」
>
> 予曰：「感君垂念先人，欲直言相報，若果直言，君恨棄去不早矣。蓋吾人有生有死，我與老丈俱存日無多。適才炯炯，渾非天性而出自人為。今日天人之分，便是將來神鬼之關也。今在生前，能以天明為明，則言動條暢，意氣舒展，比至歿身，不為神者無幾。若今不以天明為明，只沉滯襟膈，留戀景光，幽陰既久，歿不為鬼者亦無幾矣。老丈方謂得力，豈知此一念

2　羅汝芳著，李慶龍彙集：《羅近溪先生語錄彙集》，第257條。

頭，翻為鬼種，其中藏乃鬼窟也哉？」[3]

此友心中之炯炯，實即非真正之「知體」也。所以近溪言其出於「人為」也，「人為」者，心有「知體」此一念頭，而強要把捉住「知體」，或從靜坐而有一平靜之心態，即誤以為此即是真正的「知體」。此亦近溪所言的「一念耿耿，遂成結習。」真正的「知體」本為自然而然的呈現出來的。此皆是人主觀一面之知無客觀一面的天之知所導引，此主觀一面之知只是一炯炯，只是鬼窟而已。所以近溪言：「適才炯炯，渾非天性而出自人為。今日天人之分，便是將來神鬼之關也。」渾非天性，即不是天之知也。其又言：

日：「學聖無非此心，此心須見本體。故今欲向靜中安閒調攝，使我此心精明朗照，瑩徹澄湛，自在而無擾，寬舒而不迫，然後主宰既定，而應務方可不差。此今乘暇用功，亦於坐時往往見得前段好處，但至應事接物，便奪去不能恆久，甚是令人懊惱也。」

予（羅子）時慨然興歎，改容起曰：「明公志氣，誠是天挺人豪，但學脈如所云，不無幾誤乃公矣。雖然，何嘗明公？即漢儒以來，千有餘年，未有不是如此會心，以誤卻平生者。殊不知，天地生人，原是一團靈物，萬感萬應而莫究根原，渾渾淪淪而初無名色，只一心字，亦是強立。後人不省，緣此起個念頭，就會生個識見，因識露個光景，便謂吾心實有如是本體，本體實有如是朗照，實有如是澄湛，實有如是自在寬舒。不知，此段光景，原從妄起，必隨妄滅。及來應事接物，還是用著天生靈妙渾淪的心，心盡在為他作主幹事，他卻嫌其不見光

---

3 羅汝芳著，李慶龍彙集：《羅近溪先生語錄彙集》，第257條。

景形色，回頭只去想念前段心體，甚至欲把捉終身，以為純亦不已，望顯發靈通，以為宇太天光，用力愈勞，違心愈遠。興言及此，情甚為之哀惻，奚忍明公而複蹈此弊也哉？」[4]

此心本「萬感萬應」，應接事物，皆為此天生靈妙渾淪之心。此心實即是「人之知與天之知」妙合為一之心。而人卻強要把捉一個外在之心，「緣此起個念頭，就會生個識見，因識露個光景，便謂吾心實有如是本體，本體實有如是朗照，實有如是澄湛，實有如是自在寬舒。」凡此種種之病皆為主客未能為一所致的。

第二節　「覺」與「光景之消除」

而破除此光景毫無疑問，在近溪那裡只有「覺悟」。[5]「知體」本出自天性，自然而然的，人只能「以覺悟之竅而妙合不慮之良。」因而我們要真切的把捉住此「天之知」，唯一之途徑就是「覺悟」。當主體之知達至客體之知，吾心即客觀真實的天心，主客為一，真正的良知如如的在自家生命之中朗現，當然就沒有體認良知不真之情況出現。同樣，吾心與天心頓而為一，吾心即妙萬物而為言，體萬物而不可違，吾心的具體的滲潤於事事物物之中，良知即是具體真實的良知，此即可以將光景消除。近溪言：

4　羅汝芳著，李慶龍彙集：《羅近溪先生語錄彙集》（韓國：新星出版社，2006年），第259條。

5　謝居憲先生亦在其論文中談到覺悟與化除光景的一些關係。然而其對「覺悟」無真切之理解，對「逆覺」與「頓悟」之區別亦無理解，對陽明的悟良知與頓悟良知達致的完全全全朗現之兩境界分別不出，於是整段文字可以說一團混亂。而李沛思與吳震先生皆轉而說其他諸如孝弟慈等等。皆越說越遠，不復近溪之本意。這裡就不詳談。

羅子曰：「此個性，只合把甌子作譬，原卻不即是甌子也，故甌子則有見不見，而性則無不見也；甌子則有持不持，而性則原不待持也。不觀《中庸》說：率性謂道，道不可須臾離？君今既云：見持不得恆常，則是可以須臾離矣。可離，則所見所持，原非是性，而君只認假為真，不自覺耳。」

曰：「此性各在當人，稍有識者，誰不能知？況我平生最為用意於此者乎！」

予曰：「君言知性如是之易，此性之所以難知也。（筆者案：性者，亦可以說為客觀的天之知，天命之為性是也。此客觀一面的天之知，難知也。常人覺得易知，實即是牟先生所言的廣義的光景也。即無主觀之一面的心來作支撐，只是憑空的描畫流行之體也，流行之體即天命流行也。從這裡亦可以說性，亦可以說天之知。）大約吾人用功，須以聖賢格言為主，不見孟子之論知性，必先之以盡其心者？知其性也，苟心不能盡，則性不可知也；又謂：知其性則知天矣，故天未深知，則性亦不可為知也。君試反而思之，果曾如古聖賢既竭心思，而天聰明之盡矣乎？今時受用，果許得如《中庸》：天下至誠，惟能知天地之化育矣乎？即不論心思聰明之難盡、天地化育之難知，且如陸象山接見傅生暐，驚歎其面目殊常，神采煥發，問之，果夜來於仁體有悟。故此性惟不能知，若果知時，（筆者案：此知即是「覺悟」之知也。對仁體有「悟」，即「覺悟」仁體，「仁」者與天地萬物為一體。客觀一面所言之性必定要由主觀一面的知來證悟。此即是上文反反覆覆所說的人之知妙合天之知也。）便骨肉皮毛，渾身透亮，河山草樹，大地回春。如人驟入寶所，則色色奇珍，隨取隨足，或為夜光而無所不照，或為如意而無所不生，安有見不能常、持不能久之弊？苟仍前只是舊日境界，我知其必然未曾有知也已。今我替君想像，果然

平日有個知處，卻是從赤子胞胎方離，知識未顯，那時渾全一
個天理，的確決其為善；於少長以至今日，則滿眼無非紛華，
滿腔多是情欲，一任防閑掃滌，方才少得光明安帖，以見真
體，若意思怠忽，則機括便似仍前矣。」

曰：「如此工夫，某亦未能，但堯云：兢兢，舜云：業業，恐
聖賢未有不如此者也。」（筆者案：此工夫為何？實亦不過是
一「知」處。亦不過是「覺悟」也。人覺悟，即渾全一個天
理，骨肉皮毛，渾身透亮，道即在眼前，安有見不能常、持不
能久之弊乎？此其是亦是無工夫之工夫也。）

……

時一二童子，捧茶方至。

予指而歎之曰：「君視家中盛僕，與視捧茶童子，何如？」

曰：「信得更無兩樣。」

頃之，予復問曰：「不知君此時何所用工？」

曰：「此時覺心中光光晶晶，無有黏滯。」

予曰：「君前云：與捧茶童子一般，說得盡是，至曰：心中覺
光光精精，無有黏滯，說得又自己翻帳也。」

於是沉思之友，遽然起曰：「我看並未翻帳，先生何為此言？」

予曰：「童子現在，請君問他心中，有此光景否？若無此光
景，則分明與此君兩樣矣。」

曰：「此君果差，不識先生心中工夫，卻是何如？」

羅子曰：「我的心，也無個中，也無個外；所用工夫，也不在
心中，也不在心外。只說童子獻茶來時，隨眾起而受之，已而
從容啜畢，童子來接時，又隨眾付而與之。君必以心相求，則
此無非是心；以工夫相求，則此無非是工夫；若以聖賢格言相

求，則此亦可說：動靜不失其時，而其道光明也。」[6]（筆者案：此即下文將詳言的無工夫之工夫也。）

此光光晶晶之心只是一光景也。因為這個「天之知」滲潤於萬事萬物之中的。此天之知是一具體之知。此「心體」如離開了實事實物還別有一個心體，此心只是一個光景而已。所以近溪言：「我的心，也無個中，也無個外；所用工夫，也不在心中，也不在心外。只說童子獻茶來時，隨眾起而受之，已而從容啜畢，童子來接時，又隨眾付而與之。君必以心相求，則此無非是心；以工夫相求，則此無非是工夫；若以聖賢格言相求，則此亦可說：動靜不失其時，而其道光明也。」此即言心與事為一，心與物為一。唯有於心體上有覺悟，方能「便骨肉皮毛，渾身透亮，河山草樹，大地回春。如人驟入寶所，則色色奇珍，隨取隨足，或為夜光而無所不照，或為如意而無所不生，安有見不能常、持不能久之弊？」此即唯有覺悟方能破除光景，使此心體真實具體的流行於日常應對之間，心體隨事隨地而與事事物物渾融為一而見，即便「童子獻茶來時，隨眾起而受之，已而從容啜畢，童子來接時，又隨眾付而與之。」皆是道也。此亦牟先生所言的近乎天臺式（即慧能以及慧能後的正宗禪法）的頓悟，即「超越了看心、看靜、不動之類的方便，直下於語默動靜之間而平正地亦即詭譎地出之以無相無住之心，這就是佛了。」[7]語默動靜之間，此即天臺所言的低頭舉手也，亦近溪所言的「隨眾起而受之，已而從容啜畢，童子來接時，又隨眾付而與之」。平正詭譎出之以無相無住之心，此即「不斷斷而成佛也」，不斷斷即「不斷無明」的斷而成佛也，亦即「煩惱即菩提」、「生死即涅槃也」，也即低頭舉手皆成佛道也。此亦

6　羅汝芳著，李慶龍彙集：《羅近溪先生語錄彙集》，第255條。

7　牟宗三：《佛性與般若下》，《牟宗三全集》，第4冊，頁1056。

近溪所言的：「君必以心相求，則此無非是心；以工夫相求，則此無非是工夫；若以聖賢格言相求，則此亦可說：動靜不失其時，而其道光明也。」此即頓悟而徹底的化除心體之光景，使其真真正正的流露於具體日常生活之中。如此即可以消除廣義的光景也。

亦同樣只有進至此大覺頓悟之境，此主觀之人之知契合於天之知。此心體之無限量方能如如朗現，主觀之知方為客觀之一面之知所貞定，主客為一，主觀之知方能挺立起來，如此當然亦不會有懸空的只是對良知說玄說妙，而不作篤實的實踐工夫。而是動靜不失其時，其道光明也。所以近溪又言：「知其性也，苟心不能盡，則性不可知也；又謂：知其性則知天矣，故天未深知，則性亦不可為知也。君試反而思之，果曾如古聖賢既竭心思，而天聰明之盡矣乎？今時受用，果許得如《中庸》：天下至誠，惟能知天地之化育矣乎？即不論心思聰明之難盡、天地化育之難知，且如陸象山接見傅生暐，驚歎其面目殊常，神采煥發，問之，果夜來於仁體有悟。」對此「仁體」（即知體也，下文再詳述。）有悟，方能盡心盡性。方能須臾不離道也，所以其言：「不觀中庸說：率性謂道，道不可須臾離？君今既云：見持不得恆常，則是可以須臾離矣。可離，則所見所持，原非是性，而君只認假為真，不自覺耳。」自覺此「知體」，才能時時依道而行。其又言：「但誠意緊接著知本、知至說來，即所謂知止而後有定也。蓋學大人者，只患不曉得通天下為一身而其本之重大如此。若曉得如此重大之本在我，則國家天下攢湊將來，雖狹小者，志意也著弘大；雖浮泛者，志意也著篤實；怠緩者，志意也著緊切，自然欺不過，自欺不過，便自然已不住，如好色惡臭，又自然滿假不得，而謙虛受益。其凝聚一段精神於幽獨之中者，又非其勢之所必至也哉！幽獨者，是未接國家之先，慎則是知得本立於此而敬謹嚴切，即前定其志意之謂也。此言君子之孳孳於至善者，惟日不足，下言小人之孳孳於不善者，亦惟日不足。但其中既誠，則其外必形，如財富者必潤其屋，涵

養者必潤其身。君子明德之意，既已誠切，則自然明明德於天下矣。故引〈淇澳〉、引〈烈文〉二詩，以見有切磋琢磨之盛德至善，則民自不忘，而民不能忘者，正以其盛德之有可賢可親、可樂可利也，是非誠中形外之徵也耶？[8]」此「知體」知得真，知得切，自然「誠於中，形於外也。」這其實亦是陽明所言的「知行合一」之意。良知其本身即有一種不斷湧出之力量，迫使你去行。知即是行，所以說真切覺悟此「知體」，亦是行動之動源。這樣亦可以消除狹義的「光景」也。

第三節　覺悟與「無工夫之工夫的絕大工夫」

近溪講學常讓人覺得有矛盾的地方，就是其有時候將工夫入路講得極難，而有時候又說得極為容易。如：「有志豪傑，須早覓明眼真師，下番辛苦氣力，凡從前見解伎能，盡數通身，剝落到牙關再開不得處，腳步再住不得處，不計日子年歲，不圖些小便宜，到那山窮水盡之鄉，自有驀卒轉頭時候。嗟乎！此固顏子喟然一歎口訣也。」[9]此極言為學之艱苦。其又言：「工夫難得湊泊，即以不屑湊泊為工夫，胸次茫無畔岸，便以不依畔岸為胸次。解纜放舡，順風張棹，則巨浸汪洋，縱橫任我，豈不一大快事也耶？」[10]此又極言工夫之容易，其更有「捧茶童子是道」的訓誡。這裡即可以看出近溪之講學之特色，這就是以「覺悟為先」。其難即在於「覺悟」之難，這就是一種絕大的工夫，要有真志氣，大魄力，大手段之人生命經長時間的砥礪方能達至。其容易即在於「覺悟」之後「無工夫」之容易。近溪言：「此皆空花語也，且曹子亦會翻帳，屢言不悟，難悟也哉？夫一切世界，皆我自生，豈得又謂有他？若見有他，即有對，有對即有

8　羅汝芳著，李慶龍彙集：《羅近溪先生語錄彙集》，第1條。

9　羅汝芳著，李慶龍彙集：《羅近溪先生語錄彙集》，第264條。

10　羅汝芳著，李慶龍彙集：《羅近溪先生語錄彙集》，第67條。

執，對執既滯，則愈攻而愈亂矣。能覺一切是我，則立地出頭，自他既無，執滯俱化，是謂自目不瞪，空原無花也。」覺悟之後，此心與萬物為一，再無有善有惡之意志動，此意亦即龍溪所言的「無善無惡之意」。無對無執，此心為純善之心，一切皆我，執滯俱化。此即「無工夫之工夫」的「絕大工夫」。近溪言：

> ……若論吾人天命之性，其不慮而知、不學而能，渾然與聖人不思而得、不勉而中之體，如金在礦何嘗少他分毫？蓋自為孩提時，直至今日，親長之愛敬、耳目之聰明、饑寒之衣食，隨感而應，良知良能明白圓妙，真是人人具足、個個完全。但天生聖神，則能就中先覺先悟於天命，此個聖體直下承當受用，正如礦石過火，便自融化透澈，更無毫髮窒礙間隔，卻即叫做聖人。然究其所覺悟的東西，則只是吾人現在不慮不學之良知良能而已。吾人只少了聖人此一覺悟，則便如一片精金，空只藏在礦中而不成受用。雖是時時習之而卻不著，雖是日日行之而卻不察，即終身去愛親敬長、食飯穿衣，與聖賢原無兩樣，而甘心做個凡夫，而不得名為知道也。故聖人之教天下，不是能令吾人於良知良能之外，別有增益，只是以先知覺後知、以先覺覺後覺，如用火鍛礦，則礦一過火，便即是金。吾人既覺，則即我本性，便即是聖，故曰：豈不易簡！豈為難知！又曰：我欲仁，斯仁至矣。未之思也，夫何遠之有？孔、孟口口聲聲只好如此懇切，其教其學只好如此方便。故嘗謂：吾輩若要做作修為，則此學可以不講？又要費力研窮思索，亦可以不講？今受用的，即是現在良知而聖體具足，其覺悟工夫，又只頃刻立談便能明白洞達，卻乃何苦而不近前？況此個體段？但能一覺，則日用間可以轉凡

夫而為聖人。若不能一覺，則終此身棄聖體而甘為凡夫。
又況吾輩一生辛苦，何處不求向前？如讀書應舉、做官立
業，亦非易事。今能轉凡為聖，則讀書便是聖賢讀書，至
於用世便是聖賢用世，到老也有個歸著，不虛費了精神。
今若當下甘心棄聖為凡，則雖讀盡萬卷、功名極品，也只
與浮雲飄泊，草木朽腐而已。勿以予言過甚，但考之古今
人品，自然明白，誠不可不發憤向前，以求入聖途路也！
勉之勉之。[11]

　　這些話頭在近溪之語錄可以說到處皆是，亦甚顯淺，不必作詳細
之解析。此知體本是不學而能，不慮而知之體。蓋此知體（天之知）
自己即可以呈現出來，何勞人自己動手腳呢？故近溪言：「吾人既
覺，則即我本性，便即是聖，故曰：『豈不易簡！豈為難知！』又
曰：『我欲仁，斯仁至矣。未之思也，夫何遠之有？』」此即覺悟之後
之無工夫之工夫也。人達致頓悟之境地，與萬物為一體。如同天臺之
即九法界而成佛，蓋人在無明之中，就「即此無明」而成佛，無明亦
不可斷，有何工夫可言呢？近溪亦言：「形色天性，孟子已先言之。
今日學者，直須源頭清潔，在心性上透澈安頓，則天機以發嗜欲，嗜
欲莫非天機也。若志氣少差，未免軀殼著腳，雖強從嗜欲，以認天
機，而天機莫非嗜欲矣。」[12]透澈安頓即頓悟達致主客為一之境，嗜
欲亦莫非天機也，此境地安有工夫可做？[13]此知體本身即可以順而出

11　羅汝芳著，李慶龍彙集：《羅近溪先生語錄彙集》，第119條。

12　羅汝芳著，李慶龍彙集：《羅近溪先生語錄彙集》，第397條。

13　謝居憲先生在其大作的〈第五章：致知工夫與破光景、一切放下〉曾詳言近溪破光
　　景與工夫之問題。然而正如筆者上文所指出的就是其始終沒有真切領悟近溪「覺
　　悟」一詞之意蘊，不能清楚看到「覺悟」與這些問題的緊密關聯。進而所有問題之
　　理解皆有偏差（具體參看「謝居憲：《羅近溪哲學思想研究》，頁171-228。」）。至於
　　李沛思與吳震先生的問題亦在這裡，就不再多談。

之，人本可以不思而得、不勉而中。而知體之如如地朗現最終亦不過是「覺悟」也。

第五章
「覺」與近溪哲學中重要之觀念

　　這裡再以「覺」為中心之概念，對近溪之哲學其他的重要「觀念」作一個疏解，此章內容筆者盡量要求簡潔，與吳震、謝居憲、李沛思等等其他人的疏解正好相反。何以這樣呢？原因很簡單。近溪哲學的其他哲學觀念如「格物致知」、「孝弟慈」、「易」等的疏解，可以說其極盡形容之能事，語詞繁富，語言之流轉（此所謂舌勝筆也），讓無真切之領悟者足以沉溺於其中，然而真切之體會者即一眼可知其所說的意蘊亦甚簡單，其實反反覆覆無非皆表述一個意思：即覺悟後所達致的「萬物為一體」之境地。這其實只是效驗之層面來說，既是效驗，實不必多言。如你無覺悟之絕大工夫之工夫，而空言效驗之境界，其實只是上文所說的廣義的光景，於人之生命亦無益。如你在生命真實下工夫，實亦可以達致此境地，多言少言不影響其本質的境界也。當然近溪反覆之鋪陳對人之真實生命亦甚有啟發，而此種啟發亦要促成你真正的「覺悟」方真正落實於你生命之中而為有用。因而筆者只是在這裡簡單的對「覺悟」與近溪哲學之觀念之關聯作一揭示。希望讀本論文之各位不要以為吾人之疏字為顢頇也。

第一節　「孝弟慈」與「覺」

　　羅子曰：「孔子此書，卻被孟子一句道盡，所云：大人者，不失其赤子之心者也。夫孩提之愛親是孝，孩提之敬兄是弟，未有學養子而嫁，是慈保赤子，又孩提愛敬之所自生者也。此個孝弟慈，原人人不慮而自知，人人不學而自能，亦天下萬世人

人不約而自同者也。今只以所自知者而為知，以所自能者而為能，則其為父子兄弟足法，而人自法之，便叫做：明明德於天下，又叫做：人人親其親、長其長而天下平也。此三件事從造化中流出，從母胎中帶來，遍天遍地、互古互今。試看此時薄海內外，風俗氣候，萬萬不齊，而家家戶戶誰不是以此三件事過日子也？……」[1]

「孝弟慈」即不失其「赤子之心」也。如何方能不失其「赤子之心」呢？近溪又言：

> 曰：「赤子之心渾然天理，果已明白矣。但謂群聖之打對同，與孔子之尤加親切，卻認只是個覺悟，所以說：復，其見天地之心，便其覺悟處也？」
> 羅子曰：「謂之復者，正是原日已是如此而今始見得如此，便天地不在天地而在吾心，所以又說：復以自知。自知云者，知得自家原日的心也。」[2]

此把捉住此赤子之心無非亦是「覺悟」也。所以近溪之講學最終皆回到此「覺悟」上面。孝弟慈亦要「覺悟」此「赤子之心」，方能成就真正的「孝弟慈」。[3]其又言：

---

1 羅汝芳著，李慶龍彙集：《羅近溪先生語錄彙集》，第123條。
2 羅汝芳著，李慶龍彙集：《羅近溪先生語錄彙集》，第80條。
3 楊祖漢先生曾詳細討論了近溪哲學中孝弟慈的重要意義，其有言：「赤子之不學不慮而知孝弟，亦能孝弟，與聖人的不思而得不勉而中，境界是相似的，故可從赤子處體悟聖人的化境。在赤子之純真不雜，可瞭解聖人之至誠；從赤子之自然孝敬，無意於孝弟而自然孝弟，可瞭解聖人的神感神應，無知而無不知，無意於為善而自然是善之境界。近溪從赤子之不學不慮，體會到聖人的不思不勉及天道之莫為莫致，是很特別的體悟。他由此指出了一條最親切、最具體的入聖之工夫。由近溪之

問：「孝弟為教是矣。如王祥、王覽，非不志於孝弟，而君子
不與之，何也？」

羅子曰：「人之所貴者孝弟，而孝弟所尤貴者，學也。故質美
未學者，為善人。夫善人者，豈孝弟之不能哉？弗學耳。弗學
則如瞽目行路，步或可進尺寸，然終是錯違中正，墮落險阻。
雖曾子未免大杖不走陷親有過之失，而況於祥、覽兄弟矣乎？
故曰：行而不著，習而不察，終身由之，不知其道。夫由之而

說，可以深切理解到儒學的「極高明而道中庸」之性格。由最切近的倫常親情處，
可擴充而上達致聖人之化境，而若離開了這倫常之道的實踐，是決不能達此最高境
界的。當然，近溪的從赤子之不學不慮來說聖人之不思不勉，是指點語，吾人並不
能據此而說二者的層次、境界是完全相同的。赤子之孝弟，是不自覺的，亦不知孝
弟之為當然。聖人之化境，則是由自覺奮鬥而至超自覺者。即一是「原始諧和」，
一是「再度諧和」，並不可混為一談。」（本文是作者在「第一屆兩岸倫理學術研討
會」，一九九七年十二月，中華倫理教育學會主辦，所宣讀的論文，網址：http://bbs.
gsr.org.tw/cgi-bin/view.cgi?forum=27&topic=2679）筆者案：楊先生所言為常人之誤
解。近溪所言之「赤子之心」正是自覺（更是覺悟）之後所言的「赤子之心」也。
其有批評「王詳，王覽」只為「善人之孝弟」，非聖人之孝弟可知。善人之孝弟
者，未學也。在近溪之思想裡面，學，即覺也。也就是說近溪所言之孝弟正是「覺
悟」後所顯現之「赤子之心」。其所言的「赤子之心」之不學不慮，遠非楊先生所
理解的「赤子之純真不雅」的「沒有半點虛偽，沒有半點不自然」。楊先生仍然從
一種自然（生而有之的這種自然而然的這種經驗層面）之狀態來瞭解近溪的赤子之
心或者孝弟慈之心。孝弟慈之赤子之心本是超越於自然層面的理性之心。此處正是
楊先生最大的差謬之處。即便赤子之孝弟慈亦是自覺的，非不自覺也（不自覺者，
正是楊先生心中所想之自然層面的純真無偽。），既是孝弟之心，此心即呈現出來，
既然呈現出來，人即有覺悟警醒，如何不自覺呢？赤子之孝弟亦是理性層面的自律
之孝弟之心也，否則，如果其只是經驗之層面的自然而然心，其如何可以為「仁」
之端呢，其又如果可以由此處之發端，而最終可以達致聖人之全副理性之生命呢？
只是常人習而不察，最終不能將此點孝弟慈之心存養擴充出來，而最終達致仁者與
萬物為一之境。而在近溪即是人不能「覺悟」也。所以近溪哲學所言的不學不慮之
赤子之心非僅僅與聖人境界之相似，而是其本身即是聖人之境地。其不學不慮非純
真無偽之不學不慮，而是達致化境之後之無工夫之絕對工夫也。至於謝居憲等先生
對赤子之心和孝弟慈疏解問題的根源處其實亦是上文反覆所說的問題：就是對覺悟
沒有真正的解悟。這裡就不再詳言。

不知其道，與瞽者行路，何異哉？」

諸君相顧而慶，曰：「吾族、吾鄉，質美而能孝弟者，不少
也。如今而後，瞽人行路之失，庶其免夫！」

羅子又徐為會眾申告曰：「善人之孝弟，與聖人何以異哉？蓋
聖人之學，致其良知者也。夫良知在於人心，變動而不拘，渾
全而無缺，時出而恆久弗息者也！」[4]

學者，覺也。善人之孝弟與聖賢相異，即在「致良知」也。「致
知」在近溪的哲學裡面亦只是「覺」靈知也（下文詳談）。所以要成
就真正的「孝弟慈」亦非要覺悟警醒不可，否則亦只是善人之孝弟慈
也，善人者，未「覺悟」之人也。

第二節 「格物致知」與「覺」

近溪言「致知」，云：

問：「生而知之者，上也。說得知字，如此尊貴，又說：知之
者，不如好、不如樂，兩個不如，則知亦似未妙也。」

羅子曰：「不止於知，雖好、樂，亦有生而好且樂者，則學與
困者，亦弗如之矣。」

曰：「良知在人，原無二體，乃相去遠甚，何也？」

羅子曰：「此知字，乃知覺之知，正與大學致知知字相同。生
知者，則所謂先知、先覺，而學知、困知者，則所謂覺後知、
覺後覺者也。」

曰：「然則又何以見其無二體耶？」

---

4 羅汝芳著，李慶龍彙集：《羅近溪先生語錄彙集》（韓國：新星出版社，2006年），
第135條。

羅子曰：「生而知之，下一之字，都無二體者，生知者知此者
也，學知者知此者也，困知者亦知此者也，故曰：及其知之一
也。」[5]

知覺之知，即覺悟也。[6]亦即是上文近溪所言的：「覺得是知能捧
茶，又是一個知，此則以慮而知，而其知屬之人也。」此知亦正是大
學致知之知。致知，即致本末先後之知，也就是致「誠意、正心、修
身之如何為本之始，齊家、治國、平天下之如何為末之終」之知。此
知當然不是知識層面上的知道之知。而是超越見聞知識之上的不同層
面的知。「誠意、正心、修身之如何為本之始，齊家、治國、平天下
之如何為末之終」其實就是聯屬天下家國為一身，亦就是萬物為一
體。其實亦就是主觀之心（能覺之人）與客觀之心（天下國家）為
一，這就是大人之學。所以近溪言：「故學者致知，便當以聖人生知
的知作個格子，所知不如聖人，其知非至善也。」聖人生知，即「堯
舜性之。」即：「舜之居深山之中，與木石居，與鹿豚遊，其所以異
於深山之野人者幾希，及其聞一善言，見一善行，若決江河，沛然莫

---

5 羅汝芳著，李慶龍彙集：《羅近溪先生語錄彙集》，第353條。
6 蔡世昌先生曾言近溪所說的「知」之含義，其云：「（羅近溪）他所理解的「知」，
既不是泛指一切知識性的活動，也不是王陽明所說的良知，而是具有確定的對象和
內容。知的對象是事物的本末終始，知的內容是知道意身心為天下國家之本，誠正
修為齊治平之始。知止的知即致知的知，致知不同於王陽明所說的「致吾良知於事
事物物」，而是指致其知所先後之知。」（蔡世昌：〈羅近溪的「格」說──從
「格物」之悟談起〉，《中國哲學史》2006年第2期，頁91-99。）此可以說完全離開
了近溪所言的：「此知字，乃知覺之知，正與大學致知知字相同。」中所言的
「知」的意蘊。此見蔡先生亦對近溪所言的「覺悟」無理解也。此「知」既是「覺
悟」之「知」。那麼即不能知具體的對象，此「知」必定是具體的滲潤於萬物之中
以萬物為一體之知，此即相似於康德所言的「智的直覺」也，智的直覺只能與萬物
為一體而朗現，其當然不能是對象化的知道事物之本末始終也。此點一差，即可看
到蔡先生對近溪哲學的理解必有根本性的差謬。所以乍看字面之意思，蔡先生亦言
格物之「悟」，然而其所說之「悟」與近溪所說之「悟」實有千里之別。

之能禦也。」也就是《中庸》所言「誠者，天之道。」即近溪所言：
「大舜之庶物之明，人倫之察，而性無不盡。」性無不盡，即天亦無
不盡。所以聖人此生知為大覺之知，此知當然亦就是與天之順而出之
知同而為一。致知，即要達致此種大知，覺即要達致此種大「覺」。
致知，我們毋寧就可以說是「覺靈知。」所以我們可以由「覺悟」之
含義恰當的理解「致知」的含義。

格物同樣如此：

> 問：「孩提良知原是不學不慮，而大學：致知格物，卻又不免
> 於慮且學也？」
>
> 羅子曰：「學亦只是學其不學，慮亦只是慮其不慮。以不學為
> 學，乃是大學，以不慮為慮，乃是慮而能得也。今觀天下是個
> 大物，了結天下大事，卻有個發端，有個完成。自其發端處，
> 叫做天下之本，自其完成處，叫做天下之末。天下國家從我身
> 發端，我身卻以家國天下為完成。其實這場物事，究竟言之，
> 只是個父子兄弟，其為父子兄弟足法，便是發端之本，而人之
> 父子兄弟自然法之，便是末無不完成矣。故物有本末，是物之
> 格也，先本後末，是格物以致其知也。雖似有個工夫，然必是
> 孩提不慮而愛，方為父子足法；不慮而敬，方為兄弟足法，則
> 其格致工夫，卻又須從不學不慮上用也。然則謂不學為學，不
> 慮為慮，何不可也！」[7]

物，統天下為一個大物，此物有本末，有先後。本既是身心為本，末
天下國家為末，這就是此「大物」的格子，這就是格物。這其實亦是
聯屬家國天下為一身之意。所以當有人言：「格之與知原非兩件，知

---

7 羅汝芳著，李慶龍彙集：《羅近溪先生語錄彙集》，第139條。

即格之靈曉處，格即知之條理處。」近溪亦不反對。其又言：「致知格物也。其點掇發揮，總是歸宗於內之中正而無偏，外之整飭而不亂，便是約之以禮，而曰：誠意正心修身，齊家治國平天下也。」內中正，外不亂，誠意正心修身即為內，齊家治國平天下即為外。這些其實都體現了近溪講學的一貫之精神——主客為一之精神。身心必要達致家國天下之末，家國天下必定要回到身心為本。心體必定要與萬物為一，方為真正之心體。而要達致這種境地，其入手就在「覺悟」。

　　而羅對「大學」之理解亦是如此，其云：

> 羅子曰：「孔子志於學，學乎大學者也，學大學者，必先於格物。格物者，物有本末，於本末而先後之，是所以格乎物者也。」
> 曰：「格物之本末，何以遂能獨復而自知也哉？」
> 羅子曰：「古之平天下者必先治國，治國必先齊家，齊家必先修身，是天下本在國，國本在家，家本在身。於是能信之真，好之篤，而求之極其敏焉，則此身之中，生生化化一段精神，必有倏然以自動、奮然以自興，而廓然渾然，以與天地萬物為一體，而莫知誰之所為者。是則神明之自來，天機之自應，若銃砲之藥偶觸星火，而轟然雷震乎乾坤矣。至此則七尺之軀，頃刻而同乎天地，一息之氣，倏忽而塞乎古今，其餘形骸之念、物欲之私，寧不猶太陽一出而魍魎潛消也哉！故《大學》一書，是孔子平生竭力六經而得的受用，如病人飲藥已獲奇效，卻抄方遍施，以起死回生乎百千萬眾也。後世切不可只同其他經書看過，當另作一般理會，久久有個獨復自知之時，方

信予言為不謬也已。」[8]

大學者，成就大人之學也。大人者，聯屬家國天下為一身也，此亦與天地萬物為一體之境界。所以格物，大學皆要復而自知方能真正達至。此亦為覺悟也。所以近溪千言萬語皆回到「覺悟」上來。

第三節　「覺」與「易經」之疏解

一　「覺」與「中行獨復」

> 問：「顏子復禮之復，固易經復卦之復矣。但本文，復不徒復而必曰復禮，不徒曰復禮而必曰克己者，何也？」
>
> 羅子曰：「復本諸易，則訓釋亦必取諸易也。復曰：中行獨復，又曰：復以自知。獨與自，即己也，中行而知，即禮也。惟獨而自，則聚天地民物之精神而歸之一身矣，己安得而不復耶？惟中而知，則散一己之精神而通之天地民物矣，復安得而不禮耶？故觀一日天下歸仁，則可見禮自復而充周也；觀為仁由己而不由人，則可見復必自己而健行也。是即孟子所謂：萬物皆備於我，反身而誠，樂莫大焉者也。宋時儒者，如明道說：認得為己，何所不至！又說：仁者，渾然與物同體，義禮智信皆仁也，似得顏子此段精神。象山解克己復禮作：能以身復乎禮，似得孔子當時口氣。」[9]

此復即頓悟也：

---

8 羅汝芳著，李慶龍彙集：《羅近溪先生語錄彙集》，第35條。

9 羅汝芳著，李慶龍彙集：《羅近溪先生語錄彙集》，第34條。

問：「復，何以能自知也哉？」

羅子曰：「是則有生而知之者矣，聞一善言，見一善行，沛然
若決江河，莫之能禦者也；有學而知之者矣，我非生而知之
者，好古敏以求之者也；有困而知之者矣，人一能之，己百
之，人十能之，己千之，果能此道，而雖愚必明者也。」[10]

自知即是覺也。聞一善言，見一善行，沛然莫之能禦者，此即形
容覺悟之迅猛也。亦為：「是則神明之自來，天機之自應，若銃砲之
藥偶觸星火，而轟然雷震乎乾坤矣。至此則七尺之軀，頃刻而同乎天
地，一息之氣，倏忽而塞乎古今，其餘形骸之念、物欲之私，寧不猶
太陽一出而魍魎潛消也哉！」之意。凡此種種語錄，皆不勞多費解，
其千言萬語無非歸結為心物為一，主觀之知與客觀之知為一，而最終
亦不過是「覺悟」也。

二 「覺」與「易」

「易」只是一個時中，近溪言：「孔子至善，只是個時，孔子時
中，只是個易，孔子之易，只是個乾坤，孟子翻出，便叫做浩然之
氣。」[11]時中者，即「當惻隱自惻隱、當羞惡自羞惡、當辭讓自辭
讓。」實即是「覺悟之知」與「天之知」妙合為一。此「天之知」順
而出之，亦即近溪所言的：「汝若果然有大襟期，有大氣力，又有大
大識見，就此安心樂意而居天下之廣居，明目張膽而行天下之達道。
工夫難得湊泊，即以不屑湊泊為工夫，胸次茫無畔岸，便以不依畔岸
為胸次。解纜放舡，順風張棹，則巨浸汪洋，縱橫任我，豈不一大快

---

10 羅汝芳著，李慶龍彙集：《羅近溪先生語錄彙集》，第35條。
11 羅汝芳著，李慶龍彙集：《羅近溪先生語錄彙集》，第249條。

事也耶？」[12]近溪又言：

天之生人，蓋無有一理而不渾涵於其心，吾心之理，亦無有一時而不順通於所感，蓋自孩提之愛敬而已然矣。但行矣不著，習矣不察，天生斯民，必先知以覺後知，先覺以覺後覺。今學者為學，其道術亦多端，使非藉先覺經書啟迪而醒悟之，安能的知聖時之時而習之也哉？然所覺習之時，又何嘗外吾本心之自然順應者，而他有所事也哉？即吾夫子以時而聖，雖自孟子而始表揚，然究言其所由來，亦自三絕韋編於伏羲文王周公之易，苦心悉力而後得之。想像當日祖述憲章，上律下襲，即其已然之跡，而反求於自然之心；復以所深造而自得者，於古人先得我心之同然而印證之。故能通古今，達變化，而成時中之大聖也，故曰：我非生而知之，好古敏以求之者也。今吾人欲學時習，則亦求之易而已矣。蓋天道人心總原是一個生理，天以生生而成時，心以生生而習乎其時，故生生之謂易。易也者，變通以趨時者也。六十四卦，聖人示人習時之大綱，三百八十四爻，則其節次也。以大象推之，如曰：天行健，則統論其時，君子以自強不息，則統論習乎其時也；以爻象推之，如曰乾之初九，則詳言其時，潛龍勿用，則又詳言習乎其時也。其初則觀天之時，以通吾心之時；其既則以吾心之時，而希天之時；及其終而純且熟也，則天之時即吾之時，吾之時即天之時。聖同天不其深乎！是之謂：維天之命，於穆不已，說天之時者，莫辨乎此矣；聖人純於天道亦不已，說明習者，莫辨乎此矣。愚嘗謂：善學易經者，先明乾之一卦，善學論語者，先時習一章。蓋一明則皆明，一誤則皆誤。凡此皆吾夫子平生精

---

12 羅汝芳著，李慶龍彙集：《羅近溪先生語錄彙集》，第67條。

神心髓盡底吐露，以與後學共透天關而躋聖域，所謂仁天下萬
世而無疆無盡者也。有志學孔者，幸共深省。[13]

「易」亦不過「故能通古今，達變化，而成時中之大聖也，故
曰：我非生而知之，好古敏以求之者也。今吾人欲學時習，則亦求之
易而已矣。蓋天道人心總原是一個生理，天以生生而成時，心以生生
而習乎其時，故生生之謂易。易也者，變通以趨時者也。」要達致此
易之時中境界，必要「而反求於自然之心，復以所深造而自得者，於
古人先得我心之同然而印證之。」此亦最終必回到「覺悟」而「醒
悟」之也。

---

13 羅汝芳著，李慶龍彙集：《羅近溪先生語錄彙集》，第193條。

第六章
近溪哲學之總結

　　上文對近溪系統裡面幾個重要的概念與「覺悟」之關係作一詳細之分疏。近溪作為緊跟陽明之後的最為重要的思想家之一，其思想很多必定是針對當時人們對於陽明之學的疑問而發的。所以今天儒學復興之際，我們在疏解前人的著作的時候或者真正有志於為聖賢之學者必定亦有很多疑問。而其中所生的疑問很多想必在近溪的時代早已有人提出。如良知之客觀性普遍性的等問題。所以我們今天再新解讀近溪的著作，從中吸收重要的經驗教訓，去除一般人對聖賢之學的疑問與誤解，使得儒家重新落實於百姓日用之中，近溪的學問應有其很重要的價值。

　　黃宗羲在《明儒學案》卷三十四論述羅近溪云：「論者謂龍溪筆勝舌，近溪舌勝筆。微談劇論，所觸若春行雷動；雖素不識學之人，俄頃之間，能令其心地開明，道在眼前；一洗理學膚淺套括之氣，當下便有受用，顧未有如先生者。」牟宗三言：「但須知此學本不同於一般的專學。只當分解地說之時，始有系統，有軌道，有格套，亦因而好像是一專學。然而當付之於踐履時，則那些系統相，軌道相，格套相，專學相，便一齊消化而不見，此時除那本有而現成的知體流行於日用之間外，便什麼也沒有，它能使你成一個真人，但不能使你成為一個專家。以此學為專家，如今教授之類，就此學言，乃是下乘又下乘者。羅近溪在此學之發展中消化了此學之專家相，故能『一洗理學膚淺套括之氣』，『而表現一「清新俊逸」之風格。但欲作此工夫，達此境界，亦必須預設那些義理分際而不可亂，亦如禪家雖教外別傳，而仍不能不預設那些教理也。故羅近溪仍是理學家也。」本人認

為牟宗三這段說話正恰當的表述了羅近溪為學之風格。而如何消融理
學之專學相，正是「覺悟」方使之成為可能。今天我們如何消化此專
學相，使得每一個人當下就有受用，從而起到移風易俗之作用，使此
學重新復活於百姓日用之間呢？羅近溪之哲學恰好為我們提供了極為
重要之借鑑，這正是研究羅近溪哲學的重大歷史意義之所在。

參考資料

一 原典類

王陽明 《王陽明全書》 上海市 上海古籍出版社 2006年

王龍溪 《王畿集》 南京市 鳳凰出版社 2007年

王 艮 《王心齋全集》 南京市 江蘇教育出版社 2001年

何心隱 《何心隱集》 北京市 中華書局 1981年

陸九淵 《陸九淵集》 北京市 中華書局 2008年

程顥、程頤 《二程集》 北京市 中華書局 2004年

黃宗羲 《明儒學案》 北京市 中華書局 2008年

楊復所 《太史楊復所先生證學編》 收於《續修四庫全書》第1129
冊 上海市 上海古籍出版社 1995年

顏 鈞 《顏鈞集》 北京市 中國社會科學出版社 1996年

羅汝芳 《羅汝芳集》 南京市 鳳凰出版社 2007年

羅汝芳 《近溪子明道錄》 收於《續修四庫全書》第1127冊 上海
市 上海古籍出版社 1995年

羅汝芳 《近溪羅先生一貫編》 收於《續修四庫全書》冊1126 上
海市 上海古籍出版社 1995年

羅汝芳 《耿中丞楊太史批點近溪羅子全集二十四卷》 收於《四庫
全書存目叢書》集部 別集類第129、130冊 濟南市 齊魯
書社 1997年

劉宗周 《劉宗周全集》 杭州市 浙江古籍出版社 2007年

慧能著 郭朋校釋 《壇經校釋》 北京市 中華書局 2007年

神會著　楊曾文編校　《神會和尚禪話錄》　北京市　中華書局
　　　1996年
道　原　《景德傳燈錄》　臺北市　新文豐出版公司　1981年
普　濟　《五燈會元》　北京市　中華書局　2006年

二　專著

錢　穆　《宋明理學概述》　《錢賓四全集》第9冊　臺北市　聯經
　　　出版事業公司　1994-1998年
龔鵬程　《晚明思潮》　北京市　商務印書館　2005 年8月
錢　明　《陽明學的形成與發展》　南京市　江蘇古籍出版社　2002
　　　年
鮑世斌　《明代王學研究》　成都市　四川出版集團巴蜀書社　2004
　　　年
蔡仁厚　《王學流衍》　北京市　人民出版社　2006年
古清美　《慧庵論學集》　臺北市　大安出版社　1997年
牟宗三　《牟宗三全集》第5冊　《心體與性體（一）》　上海市　上
　　　海古籍出版社　2007年
牟宗三　《牟宗三全集》第6冊　《心體與性體（二）》　上海市　上
　　　海古籍出社　2007年
牟宗三　《牟宗三全集》第7冊　《心體與性體（三）》　上海市　上
　　　海古籍出版社　2007年
牟宗三　《牟宗三全集》第8冊　《從陸象山到劉蕺山》　上海市
　　　上海古籍出版社　2007年
牟宗三　《佛性與般若》　臺北市　臺灣學生書局　1984年
牟宗三　《宋明儒學的問題與發展》　上海市　華東師範大學出版社
　　　2007年

牟宗三　《現象與物自身》　臺北市　臺灣學生書局　2004年

牟宗三　《圓善論》　臺北市　臺灣學生書局　1985年

牟宗三譯　《康德：判斷力之批判》　西安市　西北大學出版社
　　　　2008年

牟宗三譯　《康德的道德哲學》　西安市　西北大學出版社　2008年

牟宗三譯註　《康德：純粹理性批判》　臺北市　臺灣學生書局
　　　　1997年

岡田武彥著　吳光譯　《王陽明與明末儒學》　上海市　上海古籍出
　　　　版社　2000年

吳　震　《羅汝芳評傳》　南京市　南京大學出版社　2005年

吳　震　《陽明後學研究》　上海市　上海人民出版社　2004年

吳　震　《明代知識界講學活動系年 1522-1602》　上海市　學林出
　　　　版社　2003年

陳　來　《宋明理學》　上海市　華東師範大學　2005年

陳　來　《中國近世思想史研究》　北京市　商務印書館　2004年

三　論文類

李沛思　《從工夫論看羅近溪思想之特色》　中央大學中國文學研究
　　　　所碩士論文　2006年

謝居憲　《羅近溪哲學思想研究》　中央大學哲學研究所博士論文
　　　　2008年

蕭敏材　《羅近溪思想研究》　中央大學中國文學研究所碩士論文
　　　　2001年

楊祖漢　〈羅近溪哲學的當代詮釋〉　《鵝湖學志》第37期（2006年
　　　　12月）　東方人文學術研究基金會　頁149-206

哲學研究叢書・學術思想叢刊 0701019

學者，覺也——羅近溪哲學研究

作　　　者	沈鴻慎	
責任編輯	陳胤慧	
特約校稿	林秋芬	
發 行 人	陳滿銘	
總 經 理	梁錦興	
總 編 輯	陳滿銘	
副總編輯	張晏瑞	
編 輯 所	萬卷樓圖書股份有限公司	
排　　　版	林曉敏	
印　　　刷	維中科技有限公司	
封面設計	斐類設計工作室	

發　　　行　萬卷樓圖書股份有限公司
　　　　　　臺北市羅斯福路二段 41 號 6 樓之 3
　　　　　　電話 (02)23216565
　　　　　　傳真 (02)23218698
　　　　　　電郵 SERVICE@WANJUAN.COM.TW
香港經銷　香港聯合書刊物流有限公司
　　　　　　電話 (852)21502100
　　　　　　傳真 (852)23560735

ISBN 978-986-478-314-4
2019 年 12 月初版一刷
定價：新臺幣 220 元

如何購買本書：

1. 劃撥購書，請透過以下郵政劃撥帳號：
　　帳號：15624015
　　戶名：萬卷樓圖書股份有限公司
2. 轉帳購書，請透過以下帳戶
　　合作金庫銀行 古亭分行
　　戶名：萬卷樓圖書股份有限公司
　　帳號：0877717092596
3. 網路購書，請透過萬卷樓網站
　　網址 WWW.WANJUAN.COM.TW

大量購書，請直接聯繫我們，將有專人為
您服務。客服：(02)23216565 分機 610

如有缺頁、破損或裝訂錯誤，請寄回更換

國家圖書館出版品預行編目資料

學者，覺也──羅近溪哲學研究 / 沈鴻慎著.
-- 初版. -- 臺北市：萬卷樓, 2019.12
　面；　　公分. -- (哲學研究叢刊；0701019)
ISBN 978-986-478-314-4(平裝)

1.(明)羅汝芳 2.學術思想 3.明代哲學
　126.6　　　　　　　　　　　108015759